Lectura del rostro y la palma de la mano

Cómo leer a las personas mediante la fisionomía y la quiromancia chinas

© Copyright 2021

Todos los derechos reservados. Ninguna parte de este libro puede ser reproducida de ninguna forma sin el permiso escrito del autor. Los revisores pueden citar breves pasajes en las reseñas.

Descargo de responsabilidad: Ninguna parte de esta publicación puede ser reproducida o transmitida de ninguna forma o por ningún medio, mecánico o electrónico, incluyendo fotocopias o grabaciones, o por ningún sistema de almacenamiento y recuperación de información, o transmitida por correo electrónico sin permiso escrito del editor.

Si bien se ha hecho todo lo posible por verificar la información proporcionada en esta publicación, ni el autor ni el editor asumen responsabilidad alguna por los errores, omisiones o interpretaciones contrarias al tema aquí tratado.

Este libro es solo para fines de entretenimiento. Las opiniones expresadas son únicamente las del autor y no deben tomarse como instrucciones u órdenes de expertos. El lector es responsable de sus propias acciones.

La adhesión a todas las leyes y regulaciones aplicables, incluyendo las leyes internacionales, federales, estatales y locales que rigen la concesión de licencias profesionales, las prácticas comerciales, la publicidad y todos los demás aspectos de la realización de negocios en los EE. UU., Canadá, Reino Unido o cualquier otra jurisdicción es responsabilidad exclusiva del comprador o del lector.

Ni el autor ni el editor asumen responsabilidad alguna en nombre del comprador o lector de estos materiales. Cualquier desaire percibido de cualquier individuo u organización es puramente involuntario.

Contents

PRIMERA PARTE: LECTURA DEL ROSTRO 1
INTRODUCCIÓN 2
CAPÍTULO 1: HISTORIA DE LA FISIOGNOMÍA CHINA Y DE LA
LECTURA DEL ROSTRO 7
 ¿QUÉ ES LA FISIOGNOMÍA? 8
 LA FISIOGNOMÍA DE LA ANTIGUA GRECIA 9
 LA ANTIGUA PRÁCTICA TAOÍSTA MIEN SHIANG Y LA BÚSQUEDA DEL
 WU XING 12
 LOS PRINCIPIOS DEL MIEN SHIANG INCLUYEN 13
 LA HISTORIA DE SU POPULARIDAD Y SU ESCEPTICISMO 14
 LA FISIOGNOMÍA TAL Y COMO SE PERCIBE HOY EN DÍA 15
CAPÍTULO 2: CONCEPTOS BÁSICOS SOBRE EL ROSTRO: EL
MAPA FACIAL 18
 FORMAS DEL ROSTRO 18
 ENTENDIENDO LAS DOCE CASAS - UNA DE LAS PRINCIPALES JERGAS DE
 MIEN SHIANG 30
 CIELO, HOMBRE Y TIERRA 35
 TRECE DIVISIONES 38
CAPÍTULO 3: LOS CINCO ELEMENTOS Y LAS
PERSONALIDADES 45
 LOS 5 ELEMENTOS Y SU SIGNIFICADO 47
 CÓMO LEER LOS ELEMENTOS (LO QUE SUGIERE CADA RASGO FACIAL) 49

CAPÍTULO 4: LECTURA DEL PASADO, EL PRESENTE Y EL FUTURO 70

CAPÍTULO 5: LA LECTURA DEL ROSTRO EN ACCIÓN 80

- Lectura de lunares, líneas y arrugas.. 80
- Líneas de lectura y arrugas 87
- Lectura de la salud 91
- La lectura de la riqueza 104
- Predicción de la fertilidad y el sexo 111
- Leer sus relaciones y su matrimonio 113
- Implicaciones del matrimonio tardío 115
- Parejas potenciales 116
- Leer rasgos de carácter en los niños 118

CONCLUSIÓN 122

SEGUNDA PARTE: LECTURA DE LA PALMA DE LA MANO 125

INTRODUCCIÓN 126

CAPÍTULO 1: HISTORIA ABREVIADA DE LA LECTURA DE LA MANO 129

CAPÍTULO 2: CONCEPTOS ERRÓNEOS COMUNES SOBRE LA QUIROMANCIA 141

CAPÍTULO 3: DERECHA O IZQUIERDA: ¿QUÉ MANO LEER? 149

CAPÍTULO 4: CÓMO LEER EL TAMAÑO Y LA FORMA DE LAS MANOS 156

CAPÍTULO 5: TEXTURA Y COLOR 167

CAPÍTULO 6: LA LECTURA DE LAS UÑAS 184

CAPÍTULO 7: LA LECTURA DE LOS ELEMENTOS - LA FORMA DE LA MANO 200

CAPÍTULO 8: LA LECTURA DE LOS DEDOS 211

CAPÍTULO 9: LA LECTURA DE LOS MONTES Y LAS LLANURAS ... 224

CAPÍTULO 10: LEYENDO LAS LÍNEAS 235

CONCLUSIÓN 252

VEA MÁS LIBROS ESCRITOS POR MARI SILVA 253

REFERENCIAS 254

Primera Parte: Lectura del rostro

Descubra los secretos de la fisiognomía china y cómo leer a la gente como un reloj

Introducción

Estudiar el rostro de una persona para saber si es sincera es una de las formas más comunes de evaluar su integridad. De hecho, es un rasgo fundamental que la mayoría de nosotros tenemos sin siquiera saberlo. Al mismo tiempo, también buscamos emociones ocultas detrás de la cara de una persona, ya sea un familiar, un amigo o un compañero de trabajo.

¿Sabía que hay formas de conocer las emociones de una persona y descifrar su suerte con solo leer su rostro? La lectura del rostro es una práctica antigua en las civilizaciones china y europea que se remonta a varios milenios.

Si desea saber más sobre cómo funciona la lectura de rostros y probarla en sí mismo o con otros, este libro es para usted. No solo le ayudará a explorar antiguas prácticas alternativas, sino que también le enseñará a interpretar la mente y los pensamientos de quienes le rodean. Podrá utilizar estos conocimientos para comprender mejor a las personas que forman parte de su vida, incluidos los miembros de su familia, sus amigos íntimos, sus nuevos conocidos o los simples desconocidos. En lugar de limitarse a comprender la historia y los aspectos teóricos de la lectura de rostros, este libro le enseñará a leer los rostros y a interpretar los pensamientos de una persona, así como su temperamento.

Si se siente fascinado por las personas que conoce y quiere llegar a conocerlas a un nivel más profundo (sin necesidad de entrometerse), la fisiognomía es un gran arte que debe aprender. Este libro le proporcionará una historia detallada de la lectura del rostro y de cómo funciona. Aprenderá el mapa facial y cómo leerlo, con diagramas e instrucciones paso a paso. También aprenderá a descifrar los rasgos de carácter, a evaluar la salud y a leer el pasado, el presente y el futuro de las personas que conoce, así como de las que conocerá. Al final de este libro, seguro que verá las caras de una manera diferente, con una visión más profunda y compasión por las personas de su vida. Sin más preámbulos, ¡empecemos nuestro viaje!

Ventajas de la lectura del rostro

Aunque el beneficio más obvio de la lectura de rostros es la capacidad de interpretar los pensamientos de las personas, la fisiognomía conlleva otras ventajas:

- Una comprensión más profunda de las personas y sus vidas
- Compasión por los demás
- Un ojo para los detalles
- La capacidad de empatizar con otros
- La gratitud

La capacidad de leer los rostros puede afectar significativamente a la vida de una persona, así como a sus hábitos. La mayoría de la gente subestima la cantidad de información que los rostros pueden revelar. La forma en que nos comunicamos, nos comportamos, gastamos energía y expresamos nuestras emociones se transmite a fondo a través de nuestros rostros. Además, el rostro revela la capacidad de trabajar de forma independiente o colectiva. Además, su rostro permite saber si es usted materialista o si valora más las emociones y las experiencias. También muestra si está enamorado, si sufre una agonía emocional, si tuvo una infancia difícil o si espera la buena fortuna en el futuro.

Entonces, ¿qué aspectos puede esperar descubrir con la lectura de rostros? Averigüémoslo.

· **Salud:** El rostro de una persona se divide en "zonas" (según la terminología moderna) para averiguar problemas de salud en órganos específicos o partes internas del cuerpo. Tanto si se trata de una deficiencia nutricional, como de una falta de fuerza física o de una afección subyacente, se puede leer el rostro de una persona para determinar la causa exacta. Con ello, también puede resolver estos problemas tratándolos con remedios adecuados, ya sean naturales o no.

· **Riqueza:** Los rasgos faciales únicos de una persona permiten captar la cantidad de riqueza que tuvo en el pasado, la que tiene ahora y la que tendrá en el futuro. Hay ciertos puntos en la cara que le indican si adquirirán abundante riqueza a través del trabajo duro o por la herencia de propiedades ancestrales.

· **Personalidad y carácter:** El carácter, los rasgos y la personalidad de una persona se aprenden leyendo su cara. Algunas personas pueden ser engañosas y fingir ser alguien que no son, lo que puede hacer bastante difícil discernir su personalidad genuina. Con la lectura del rostro, se puede mirar más allá de la fachada y comprender quiénes son. Sus puntos fuertes, sus debilidades, sus necesidades y sus comportamientos quedarán al descubierto para que usted los evalúe.

· **Carrera profesional:** Con solo contemplar el rostro de una persona, puede valorar su suerte, su talento y su competencia, lo que puede ayudarlo a aconsejarle sobre su trayectoria profesional ideal. Si está confundido consigo mismo, esto puede animarle a elegir también su vocación profesional. Puede aprender a leer los talentos ocultos y los atributos de éxito en una persona, junto con sus intereses y deficiencias. Por último, los rasgos faciales también determinan la capacidad de una persona para manejar el dinero, establecer contactos y dirigir a los demás, aspectos necesarios en cualquier entorno profesional.

• **Amor y matrimonio:** Si tiene suerte, conocerá a su compañero de vida ideal muy pronto, pero muchos suelen luchar por encontrar al alma gemela con la que pasarán el resto de su vida. Es entonces cuando el arte de la lectura de rostros se vuelve útil. Cuando acuda a una cita o conozca a un posible compañero de vida, podrá pasar por alto fácilmente sus rasgos superficiales y distinguir su verdadero ser intrínseco. Si aprende el arte de la lectura de rostros, también podrá analizar los rostros de una pareja y determinar si se aman o están realmente hechos el uno para el otro.

• **Hijos:** Los puntos vitales de la cara de alguien determinan su suerte a la hora de tener hijos. También indican la salud, la suerte, el destino y el futuro de sus hijos. Dado que la parte superior de la cara es la sección "Cielo", que representa la infancia, se puede determinar fácilmente el destino del niño y la infancia a la que está destinado.

• **El destino y el propósito de la vida:** A menudo vivimos de acuerdo con las expectativas de los demás, lo que suprime nuestro verdadero yo y puede incluso dar lugar a sentimientos de inadecuación u odio a nosotros mismos. Con la lectura de rostros, usted puede aprender lo que realmente quiere en la vida y definir su único propósito. Para algunos, sobresalir en su trabajo les da la máxima satisfacción, mientras que otros encontrarán consuelo en los viajes y la exploración del mundo. Con este arte, podrá averiguar cuál es el verdadero propósito de su vida y alcanzar sus objetivos de forma constante. Asimismo, puede aprender sobre su propio destino: lo que fue su vida y en lo que evolucionará. Si no le gusta lo que lee, aún tiene la posibilidad de cambiarlo, dándose la oportunidad de enmendar y reencontrarse con el éxito.

Como puede ver, el rostro de una persona puede revelar prácticamente todo sobre ella, desde su infancia hasta cómo será su vida cuando se jubile. Los rostros son libros abiertos dispuestos a desvelar sus secretos a quienes dominan el arte de la lectura de rostros. Tomemos como ejemplo un examen a libro abierto; se le da la libertad de consultar sus libros de texto, apuntes y hojas de ayuda, pero si no sabe localizar las respuestas en los materiales que tiene a su disposición, lo más probable es que repruebe el examen y obtenga una mala nota. Del mismo modo, un rostro humano le proporciona toda la información; lo único que necesita es aprender el arte de encontrar e interpretar las respuestas, que es de lo que trata este volumen.

En los siguientes capítulos, aprenderá mucho sobre la historia, las técnicas y los enfoques de la lectura eficaz de rostros.

Capítulo 1: Historia de la fisiognomía china y de la lectura del rostro

Esta sección inicial se centrará en la historia de la lectura del rostro y su evolución a lo largo del tiempo. Su objetivo es ofrecerle una sólida comprensión de cómo, dónde y por qué se originó la lectura facial y por qué sigue existiendo en la actualidad.

En pocas palabras, la lectura del rostro consiste en analizar los rasgos faciales de una persona para comprender su carácter, sus rasgos de personalidad, sus puntos fuertes y débiles, entre otros. Cada rasgo de la cara - nariz, ojos, boca, labios, barbilla, etc. - revela algo sobre la persona y sus atributos únicos. Si se observa con atención y se aprende a leer los rasgos faciales correctamente, se pueden desentrañar historias ocultas, algunas de las cuales podrían ser incluso oscuros y recónditos secretos de su pasado. Además, también da una visión profunda del destino y el futuro de una persona. En muchos sentidos, un rostro se asemeja a un plano que traza la historia de la vida de una persona, desde su infancia hasta sus años dorados. Dicho esto, no es tan fácil como parece; hay que aprender cómo se hace y seguir practicando con constancia para convertirse en un maestro de la lectura y el análisis de rostros.

Además de conocer la historia de una persona y predecir su futuro, también se puede determinar el estado de su salud mediante la lectura del rostro. Esta práctica ha perdurado muchos siglos desde que los monjes curanderos taoístas utilizaron el arte de la lectura facial para diagnosticar problemas de salud y enfermedades subyacentes. La precisión de esta técnica era tan notable que la Medicina Tradicional China (o MTC) sigue empleándola en las prácticas médicas actuales.

Antes de hablar de la historia y la importancia de la fisiognomía, es importante entender qué es la fisiognomía y qué implica.

¿Qué es la fisiognomía?

La fisiognomía es el arte de descifrar el carácter y la personalidad de una persona a través de sus expresiones faciales y su aspecto exterior. Procedente de la antigua Grecia, el término "physio" significa naturaleza, y "gnomon", intérprete o juez. Aunque a veces se considera una forma de pseudociencia, esta técnica influyó en muchos eruditos y maestros de toda Europa durante la antigüedad. A menudo se denomina también el arte de conocer un objeto o terreno a través de atributos físicos específicos. Por ejemplo, la fisiognomía explicaría la conexión genética entre los rasgos físicos de una persona. Si alguien tenía síndrome de Down, era evidente a través de sus ojos rasgados y su cara plana. Con el tiempo, el estudio de la fisiognomía progresó y se incorporó activamente a otras disciplinas científicas, como la bioquímica y la fisiología.

La fisiognomía de la antigua Grecia

Aunque el estudio de la fisiognomía fue excepcionalmente popular en la cultura europea a lo largo de los siglos XVIII y XIX, su práctica se remonta al año 500 a. C., cuando Pitágoras, el erudito griego, juzgaba a sus alumnos en función de su aspecto. Si no estaban suficientemente "dotados", los rechazaba al instante. El término "physiognomonia" apareció en el siglo V a. C. en De las epidemias, un tratado escrito por Hipócrates. También apareció en una escritura de Antístenes, otro eminente filósofo griego.

En un hallazgo histórico, la evaluación de Aristóteles de los rasgos de las personas en función del tamaño y la forma de su rostro estableció el estudio de la fisiognomía. Según Aristóteles, las personas que poseían rostros anchos eran medianamente inteligentes, los rostros pequeños eran fieles, los rostros redondos eran valientes y las cabezas grandes eran hostiles. También estudió especialmente las narices, ya que se creía que esta parte del cuerpo revelaba mucho sobre la persona. El filósofo creía que las personas que tenían una nariz afilada y puntiaguda podían ser provocadas fácilmente, mientras que las que tenían una gruesa y bulbosa eran insensibles. Las personas con una nariz delgada y ganchuda encarnaban la fuerza de un águila, y una nariz obtusa significaba el valor de un león.

En su tratado, Aristóteles también aclaró el enfoque de su estudio de las características generales y particulares de los rasgos individuales de los sujetos que transmitían la estupidez y el genio, junto con los puntos fuertes y débiles. Estos aspectos se estudiaban individual y colectivamente para determinar los resultados. Se consideraban rasgos individuales como el pelo, la voz, el color, el cuerpo y la forma de andar.

Estos estudios y descubrimientos evolucionaron lentamente y se extendieron a toda Europa durante el siglo XVI. Todo tipo de intelectuales, incluidos eruditos, médicos, científicos y filósofos, se propusieron encontrar la conexión entre el rostro de una persona y su personalidad y destino. Varios autores latinos clásicos, como Suetonio, Juvenal y Plinio el Viejo, se inspiraron en estos estudios y realizaron sus propias investigaciones. Sin embargo, a finales de la época medieval, estos estudios eran más astrológicos que descriptivos, lo que inspiró a la gente a utilizarlos en la magia y los hechizos esotéricos.

Otros eruditos europeos también se sumergieron en el estudio de la fisiognomía y aportaron sus propias versiones a esta disciplina. Estos eruditos fueron las figuras más conocidas de la época, entre los que se encontraban Tomás de Aquino, Avicena, John Duns Scoto y Alberto Magno.

He aquí las obras más notables de la fisiognomía que se remontan a la antigua Grecia:

- Fisiognomónica de Aristóteles - Un libro dividido en dos partes. El primer volumen se centraba en el comportamiento humano y en cómo la naturaleza se alinea con la forma humana. La segunda parte abordaba la naturaleza y el comportamiento de los animales, junto con los roles de género de los animales en su reino.

- Polemón de Laodicea, *de Physiognomonia* (siglo II), en griego

- Adamantio el Sofista, *Physiognomonia* (siglo IV), en griego

- Un autor anónimo latino, *de Physiognomonia* (siglo IV)

Sir Thomas Browne

Sir Thomas Browne fue un médico y filósofo inglés que influyó en la disciplina de la fisiología. En 1643, escribió un libro titulado *Religio Medici*, en el que discutía la posibilidad de que las cualidades interiores de una persona se reflejaran en su apariencia externa y en sus rasgos faciales. En la parte 2:2 del libro, escribe lo siguiente

"Existe seguramente una Fisiognomía, que aquellos experimentados y Maestros Mendicantes observan. (...) Porque hay místicamente en nuestros rostros ciertos Caracteres que llevan en ellos el lema de nuestras Almas, en los que el que no puede leer A.B.C., puede leer nuestras naturalezas".

Browne también afirma que los ojos y la nariz se comunican sin hablar y que las cejas pueden decir la verdad. Afirma que los rasgos individuales, la complexión y la constitución general de una persona también revelan verdades sobre ella. También acuñó el término "caricatura" para transmitir la sátira política en forma visual.

El trabajo de Giambattista Della Porta sobre la fisionomía celestial también supuso un avance en la disciplina. El erudito italiano sostiene que el temperamento de una persona era el responsable de su aspecto exterior, y no los astros como se creía comúnmente. En otra de sus obras, representó la forma humana con xilografías de animales. Browne y Della Porta coincidían en que las raíces, las hojas, los frutos y la estructura de una planta eran los responsables de la eficacia de sus propiedades medicinales, un concepto también conocido como la "doctrina de las firmas".

Johann Kaspar Lavater

Johann Kaspar Lavater fue un escritor suizo, párroco de la iglesia de San Pedro de Zúrich y fundador de la fisiognómica, un movimiento asociado a la religión y a las creencias antirracionalistas. Siempre fue objeto de vivas controversias, la mayoría de ellas relacionadas con la religión. Lavater fue deportado a Basilea en 1799 por liderar una protesta ilegal. A su regreso a Zúrich, resultó herido en una pelea con soldados franceses, tras de lo cual murió.

Dado su interés por la religión y las condiciones de rastreo "magnético", realizó varios estudios que, según él, podían ayudar a rastrear y determinar la energía divina presente en todos los seres humanos. Creía que la mente y el cuerpo estaban en constante interacción, lo que conducía al despertar de la energía espiritual y su influencia en el cuerpo de una persona. Sus descubrimientos pueden leerse en *Physiognomische Fragmente zur Beförderung der Menschenkenntnis und Menschenliebe*, su obra más notable y la razón de su notoriedad.

La antigua práctica taoísta Mien Shiang y la búsqueda del Wu Xing

El Mien Shiang (o Mien Xiang) es un antiguo arte chino de lectura facial que se practica desde el año 2700 a. C., durante el reinado del Emperador Amarillo. El arte de la lectura del rostro fue especialmente importante durante esa época. De hecho, se consideraba una de las cinco formas de arte integral de China, también conocida como Wushu. Se comparaba y se sigue comparando con otras artes y campos de estudio relacionados con la metafísica, como el Feng Shui, que es el estudio de la tierra, y el Bazi, el arte de la lectura del propio destino.

La palabra Mien se traduce como cara, y Xiang como estudio de los rasgos faciales. Los antiguos practicantes taoístas creían que el pasado de una persona es claramente aparente en su rostro, ya que fue registrado en el pasado. Así, se podía contar fácilmente la historia de una persona con solo mirar su rostro. Mucha gente confunde el arte del Mien Shiang (que consiste en la lectura del rostro) con la interpretación de las expresiones de una persona; en la práctica, ambas cosas son completamente diferentes. El Mien Shiang también puede realizarse en rostros sin expresión. Los rasgos faciales, como la profundidad de los ojos, la prominencia de las arrugas y los pómulos, la longitud de la nariz y las marcas en la cara, pueden leerse y analizarse para comprender la historia de una persona e incluso predecir su futuro.

Los principios del Mien Shiang incluyen

· Tres secciones de la cara: superior, media e inferior
· Yin/Yang
· Cinco órganos principales de la cara: ojos, orejas, cejas, nariz y boca
· Arrugas, líneas, lunares, cicatrices y manchas
· La forma de la cara
· Las doce casas de la cara
· Sheng Shiang - el sonido o la voz de una persona
· Nei Shiang - el pecho, la cintura, los hombros, el abdomen, el cuello, los pechos, la espalda y los antebrazos de una persona, entre otras partes del cuerpo
· Gu Shiang - la práctica de la lectura de los huesos, incluido el cráneo
· Dong Shiang - el movimiento básico de una persona y su patrón de comportamiento, como caminar, llorar, dormir, comer, estar de pie y sentarse.

El Wu Xing es el arte de estudiar los Cinco Elementos, las Cinco Fases, los Cinco Agentes, los Cinco Procesos, los Cinco Planetas, las Cinco Etapas, las Cinco Virtudes, los Cinco Venenos y las Cinco Vías de diferentes disciplinas, desde la energía innata de una persona hasta las propiedades medicinales de una planta. En esencia, cualquier tema puede estudiarse clasificándolo en cinco etapas de desarrollo.

Con la lectura facial, el Wu Xing puede representarse como las Cinco Fases o los Cinco Elementos, a saber, madera, fuego, metal, tierra y agua. Estos elementos se distinguen en función de los diferentes rasgos faciales y representan una región específica del rostro, pero no hay una designación específica; su rostro puede estar representado por uno o varios de estos elementos a la vez.

La historia de su popularidad y su escepticismo

Con el paso del tiempo, el estudio de la fisiognomía evolucionó y empezó a percibirse como un enfoque científico. En los siglos XVIII y XIX, se tuvo en cuenta y se utilizó en la medicina forense para identificar a los criminales, pero no tuvo mucha utilidad y se dejó de utilizar en parte a partir de entonces. Con la llegada del siglo XX, la fisiognomía fue descartada y desde entonces quedó relegada al rango de mero tema histórico.

Sin embargo, se siguió utilizando en varias obras culturales como las novelas románticas, los cuentos y los dramas literarios. Los cuentos de Edgar Allan Poe y *El retrato de Dorian Gray* de Oscar Wilde utilizan brevemente la fisiognomía en sus tramas.

Las técnicas de lectura de rostros que se siguen y practican hoy en día difieren en gran medida de las empleadas hace unos siglos. La evolución y los cambios en las antiguas técnicas de lectura de rostros son también bastante notables. Todavía se pueden encontrar largas escrituras sobre técnicas eficaces de lectura de rostros en los antiguos clásicos chinos y observar cómo evolucionaron estos patrones de interpretación.

En el siglo XX, un psiquiatra francés llamado Louis Corman acuñó el término *morfopsicología*, que sostiene que el funcionamiento interno del cuerpo de las personas y otras fuerzas vitales se unen para desarrollar diversas formas de cara. Por ejemplo, la expresión del instinto es visible a través de formas redondas y con cuerpo, mientras que la autoconservación se expresa a través de formas planas o huecas.

En los tiempos modernos se han realizado varios estudios relacionados con la fisiognomía. Algunas investigaciones realizadas en la década de los noventa establecieron que la honestidad, la calidez y el poder eran tres rasgos de personalidad que podían evaluarse mediante la lectura del rostro. Otro estudio sobre jugadores de hockey reveló también la correlación entre los minutos de sanción de un jugador y sus caras anchas. Si avanzamos hasta 2010, la fisiognomía se consideró principalmente como una parte del aprendizaje automático para introducir el reconocimiento facial en la inteligencia artificial. Solo con mirar la cara de una persona, los investigadores podían valorar su nivel de fuerza y sus características más destacadas.

En 2017, otro estudio más arrojó luz sobre un algoritmo que supuestamente podía predecir o detectar la orientación sexual de una persona, lo que finalmente se demostró que era peligroso y falso. Evidentemente, fue un tema de acalorada discusión y controversia.

Debido a la mayor individualidad y vulnerabilidad de los individuos modernos, la práctica de la fisiognomía suele considerarse discriminatoria e insensible, pero esta técnica se ha aplicado para comprender la evolución humana y las emociones de las personas en su forma auténtica. Debido a estas implicaciones científicas y emocionales, esta pseudociencia se sigue practicando en todo el mundo, pero con un enfoque más práctico y prudente.

La fisiognomía tal y como se percibe hoy en día

En el mundo actual, la cirugía plástica y estética se ha hecho muy popular. Mucha gente puede preguntarse: "¿Las alteraciones de la cara causadas por las cirugías de embellecimiento tendrán algún impacto en la lectura de los rostros?". La cirugía estética nunca es la respuesta cuando no se está satisfecho con un determinado rasgo de la cara. Para mejorar su exterior, debe trabajar en el interior. Por ejemplo, el acné y las manchas faciales recurrentes pueden deberse a una mala alimentación o a un problema de salud subyacente. Cambiando a alimentos más sanos y tratando la afección, puede eliminar estas manchas y decoloraciones, lo que finalmente le permitirá tener un rostro despejado. Paralelamente, deberá aprender a afrontar y manejar sus inseguridades. Trabajar en su bienestar mental y en su proceso de pensamiento está destinado a aportar mejoras sutiles, pero alentadoras en la imagen de sí mismo. Otros aspectos que pueden alterar sus rasgos faciales son las experiencias, el comportamiento, la tolerancia y su actitud general.

Como arte, la práctica de la lectura del rostro es relativamente más fácil en comparación con técnicas como la lectura de la palma de la mano, ya que no es tan evidente y puede practicarse sin que la persona (u otras personas) se den cuenta. De hecho, cada vez que se encuentra con alguien, es posible que lea su rostro instintivamente, por reflejo inconsciente. No se puede averiguar el carácter y las intenciones de una persona con un solo encuentro, y es ahí donde la lectura del rostro puede resultar útil. Esto es especialmente beneficioso en reuniones formales o en situaciones de gran tensión. Por ejemplo, supongamos que se reúne con un posible socio comercial. Allí puede determinar si será leal, digno de confianza o capaz de dirigir un negocio y llevarlo al éxito.

Del mismo modo, se puede evaluar el carácter de una persona basándose en una fecha (fecha de nacimiento) y determinar si es apta para ser su pareja permanente. Esto se aplica en casi todos los ámbitos.

Una cuestión importante, que también era frecuente en el pasado, es la forma de vivir. Independientemente de la nacionalidad, la cultura, la etnia y la posición social de una persona, se espera que todos se conformen y vivan de una determinada manera preestablecida. Los atributos con los que nace una persona están condicionados por sus mayores, la sociedad, la religión y las expectativas de los medios de comunicación. La mayoría de nosotros estamos atrapados en este bucle, intentando vivir de forma diferente y desvinculándonos del entorno en el que hemos nacido. O bien se recibe una recompensa por comportarse de forma "aceptable" o se castiga y se condena al ostracismo si no se es capaz de encajar. Aunque se esperan ciertos comportamientos por moralidad y tradición, muchos individuos simplemente deciden cambiar su visión de la vida por completo.

Como resultado, la mayoría de nosotros no nos sentimos "nosotros mismos"; nos falta una parte de nosotros. Llega un momento en la vida de todos en el que nos sentimos perdidos y nos volvemos poco amables con nosotros mismos. La expresión del amor propio se pierde por el camino. Dado que el rostro es un libro abierto a nuestra alma, a nuestro pasado y a nuestro destino, llegamos a saber quiénes somos realmente y en qué estamos destinados a convertirnos. Llega a saber por qué usted actúa de determinada manera y adquiere la capacidad y el poder de cambiarse a sí mismo para mejor. Al mismo tiempo, también logra entender a las personas que le rodean y por qué muestran un determinado comportamiento hacia usted. En última instancia, esto le ayuda a convertirse en la mejor versión de sí mismo y le dota de sentimientos de empatía y aceptación; no solo se acepta y se quiere a sí mismo, sino que también deja que los demás sean quienes son y quienes quieren ser. Con el tiempo, usted dejará de sentir ira u odio hacia los demás, lo que también le ayudará a equilibrar su salud mental y le otorgará paz interior.

Capítulo 2: Conceptos básicos sobre el rostro: El mapa facial

Ahora que ha adquirido un sólido conocimiento de fondo, este capítulo trata sobre el aprendizaje de los fundamentos de la lectura del rostro y la exploración de las diferentes secciones de la cara. Con estos conocimientos prácticos, podrá captar fácilmente los rasgos de una persona simplemente observando la forma de su cara y estudiando sus rasgos faciales individuales.

Formas del rostro

Tal y como se ha establecido, la forma de su rostro puede indicar su carácter, sus rasgos prominentes y su personalidad en general. Veamos las formas básicas de la cara y lo que dicen de su personalidad.

Forma cuadrada

Para empezar, las personas de cara cuadrada suelen ser impulsivas y tienen buenas cualidades de liderazgo. Suelen soñar con ser directores generales o con dirigir una empresa. Si conoce a una persona con la cara cuadrada y la frente ancha, es probable que esa persona sea dominante, poco ética y agresiva. Siempre que conversen, serán educados con usted, pero cualquier forma de comentario burdo o altivo puede hacer que se vuelvan agresivos. También están dotados de una capacidad de decisión ágil, lo que explica su capacidad de liderazgo y su mentalidad emprendedora. Son muy motivados y hacen todo lo posible para que las cosas sucedan, de ahí que sean líderes estelares. Paralelamente, también son aptos para el ring de lucha debido a su comportamiento combativo. Un rostro de forma cuadrada suele denominarse "rostro de tierra" en la lectura tradicional china de los rostros.

Atributos comunes de una cara cuadrada

· **Pragmatismo:** Estas personas siempre tienen un enfoque práctico de la vida. Ya sea en los negocios, en los estudios o en su vida personal, siempre tomarán decisiones prácticas y meditadas en lugar de tener en cuenta sus emociones. Suelen adoptar un enfoque metódico en su trabajo, lo que les ayuda a sobresalir en sus esfuerzos.

· **Con los pies en la tierra:** Tienen los pies en la tierra y son humildes, y casi nunca se les ve presumir de sus logros, su riqueza o su estilo de vida.

· **Jugadores seguros:** Estas personas prefieren ir a lo seguro, ya que temen correr riesgos. Tanto en sus relaciones personales como en su carrera, prefieren mantenerse alejados del peligro ciñéndose a las convenciones y normas.

· **Tranquilos y fiables:** Si se les encomienda cualquier tarea, la cumplirán y producirán resultados satisfactorios, lo que les hace muy fiables. Son tranquilos, reservados y prefieren quedarse en su propia zona.

· **Perceptivos:** Tienen su propio punto de vista, que no les importa compartir. Los demás confían en su naturaleza perspicaz, ya que siempre parecen exponer puntos lógicos y bien argumentados.

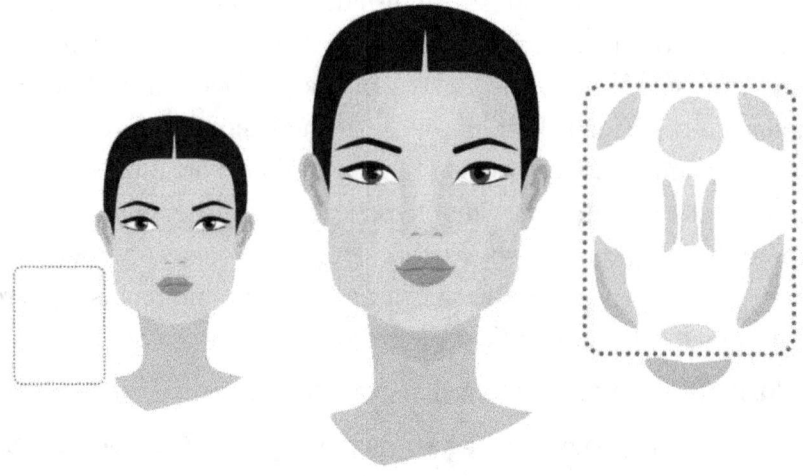

Cuadrada

Forma de corazón

Las personas con rostro en forma de corazón son apasionadas y románticas, especialmente en el dormitorio. Dado que la forma de corazón refleja sentimientos de romanticismo, las personas con esta forma de cara suelen ser sexualmente desinhibidas. Si la cara es ancha y corta, puede significar que la persona es sexualmente activa y tiene una libido intensa. El rostro con forma de corazón suele denominarse "rostro de madera" en las técnicas chinas tradicionales de lectura de rostros.

Atributos comunes de una cara de corazón

· **Físico modesto:** Estas personas tienden a ser perezosas y no disfrutan del trabajo al aire libre, lo que se traduce en una mala condición física. Evidentemente, una carrera deportiva no es la opción más sabia para estos individuos.

· **Responsables y grandes líderes:** Estos individuos son lo suficientemente responsables y capaces de llevar a un equipo al éxito.

- **Curiosos por naturaleza:** Las personas con rostro en forma de corazón son curiosas por naturaleza y siempre están dispuestas a ampliar sus conocimientos y adquirir nuevas habilidades. También dedican la mayor parte de su tiempo a analizar nuevos temas y a recopilar conocimientos de donde puedan.

- **Capacidad de ver el panorama general:** Toman decisiones eficaces y siempre están más cerca de sus objetivos gracias a su capacidad para dar un paso atrás y ver el panorama general. Están centrados y prestan atención a las metas o hitos más pequeños, lo que les ayuda a alcanzar los objetivos rápidamente.

- **Alta capacidad mental:** Las personas con una capacidad mental desarrollada son más propensas a tomar decisiones inteligentes, lo que también las hace idóneas como figuras políticas y directores generales. También tienen una gran capacidad de persuasión.

Una cara con forma de corazón también indica que alguien es muy agradable para la gente y quiere estar siempre rodeado de otros. A menudo se les considera ambiciosos, a medio camino entre la introversión y la extraversión, aunque eso depende de la situación y las circunstancias. La forma en que definen sus relaciones y el ocio es un rasgo destacado de su personalidad. Si observa a una mujer con la barbilla hundida, la nariz y los labios algo más grandes y la mandíbula roma, indica que es sociable y que le gusta conocer gente nueva. Por el contrario, las mujeres con una mandíbula más afilada y una nariz roma o más pequeña suelen ser introvertidas y prefieren mantenerse al margen. No se desviven por conocer gente nueva a menos que sea absolutamente necesario. Por último, también son grandes planificadoras, lo que las convierte en buenas empleadas y gestoras.

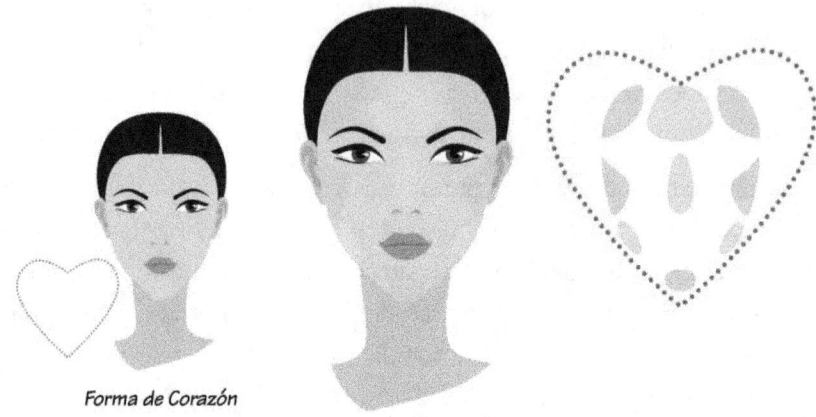

Forma de Corazón

Forma redonda

Curiosamente, un rasgo peculiar con el que se relaciona esta forma de cara es el ronquido. Las personas con una cara redonda tienden a roncar mucho, independientemente de su edad, peso y estado de salud general. Aunque esto no es cierto para todos los individuos con forma redonda, las probabilidades son muy altas. Además, el hábito de los ronquidos escandalosos no se limita solo a las caras redondas, sino que también puede afectar a individuos con ciertos problemas de salud. En las técnicas tradicionales chinas de lectura de rostros, la cara redonda suele denominarse "cara de agua".

Atributos comunes de un rostro redondo

- **Inteligentes y diligentes:** Estas personas se toman muy en serio su trabajo gracias a su concienciación y a las normas que se imponen a sí mismas. Como también son inteligentes, suelen tener éxito en la realización de las tareas que se les plantean.

· **Diplomáticos y con mentalidad de negocios:** Las personas de cara redonda son muy diplomáticas, sobre todo porque quieren ir a lo seguro y evitar debates o conflictos triviales. Además, su fuerte mentalidad empresarial los anima a convertirse en empresarios o directores generales de éxito.

· **Optimistas y solidarios:** Estas personas son muy optimistas y prefieren ver lo positivo en las situaciones negativas. Prefieren aprender de las circunstancias desafiantes y creen que todo sucede por una razón. A todo el mundo le gusta estar cerca de ellos debido a su naturaleza cariñosa.

· **Creativos e intuitivos:** Estas personas suelen ser creativas y tienen un poder imaginativo ejemplar. Por ello, son muy adecuadas para trabajos creativos en el ámbito del arte, la creación de contenidos o el marketing. Tienen una fuerte intuición, que a menudo les salva de situaciones complicadas.

Las personas con ojos grandes y cejas arqueadas o altas suelen estar de acuerdo con la mayoría de las cosas que se les plantean. Suelen tener la frente estrecha o corta. Están de acuerdo con la mayoría de la gente que les rodea debido a su franqueza y capacidad para aceptar diferentes puntos de vista sin emitir juicios. A veces, estas personas también se muestran complacientes con los demás solo para agradarles, aunque no estén fundamentalmente de acuerdo. Por último, son soñadores y suelen tener sueños sexuales vívidos.

Redonda

Forma ovalada

Los rostros ovalados son los más atractivos. La gente se siente atraída al instante por un rostro ovalado, ya que difiere ligeramente de otras formas de cara comunes. De hecho, las personas con rostros ovalados son tan guapas que son aptas para participar en concursos de belleza. El rostro ovalado suele denominarse "rostro de metal" en la lectura tradicional china del rostro. Se caracteriza por una simetría perfecta, mandíbulas cinceladas y una barbilla afilada. Aunque una persona con un rostro ovalado no tenga todos estos rasgos prominentes, mostrará al menos uno de ellos.

Atributos comunes de un rostro ovalado

· **Un alto coeficiente intelectual:** Estas personas son muy inteligentes y suelen ganar en los debates gracias a su eficaz retórica y razonamiento lógico.

· **Honestos:** Siempre son honestos, lo que les convierte en parientes, amigos o cónyuges dignos de confianza y leales.

- **Firmes:** Cuando se les exige, pueden ser extremadamente firmes. Tienen un gran sentido del juicio, lo que les convierte en grandes líderes. Además, como se atienen a las reglas y son francos, pueden ser jueces, diplomáticos, gerentes o un rol similar con éxito.

- **Autocríticos:** Los individuos de cara ovalada pueden ser algo duros consigo mismos. Cuando las cosas no salen según sus expectativas, se arrepienten de sus acciones y se critican a sí mismos, pero saben aprender de sus errores y avanzar rápidamente.

- **Fuerza física débil:** Estos individuos suelen carecer de fuerza física, por lo que suelen fracasar en el atletismo. Los interesados en una carrera deportiva deberían replantearse su decisión.

Otro rasgo destacado de las personas con esta forma de cara es que pueden ampliar su visión y evaluar sus perspectivas de futuro. Pueden ver el panorama general y decidir en consecuencia. Además, estas personas son capaces de resolver problemas con facilidad, lo que aumenta su valor como responsables eficaces de la toma de decisiones. Llevan la cuenta de sus tareas de forma experta y trabajan duro para cumplirlas. Un rostro con la misma anchura y altura está dotado de poder e irradia un aura positiva. Como tienen la capacidad de ver el panorama general, pueden mantenerse centrados en la consecución de los hitos que los llevarán a sus objetivos finales.

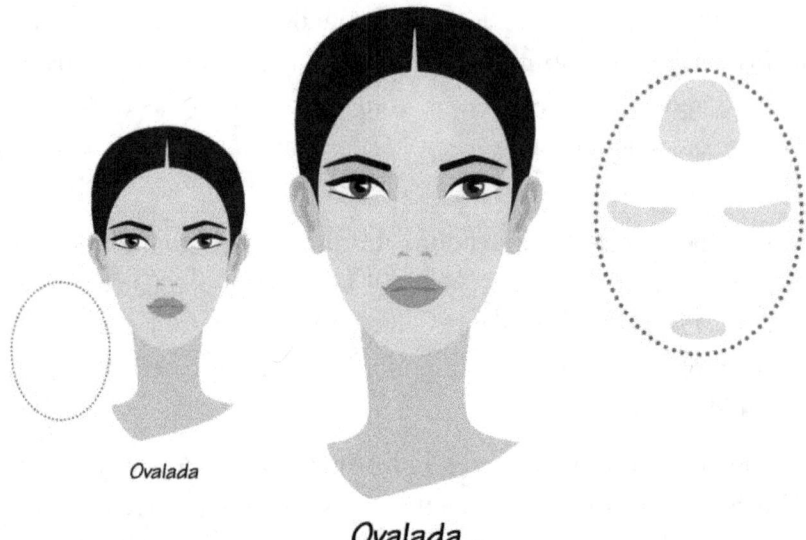

Ovalada

Forma de diamante

Las personas con el rostro en forma de diamante son las más fiables y hacen de vecinos amables. Si necesita ayuda, son las personas a las que puede acercarse sin ninguna reserva. Suelen ser más rectos que los demás. Una persona con cara en forma de diamante suele tener una mandíbula estrecha, pómulos altos y una barbilla pequeña. Aunque esta forma se considera estéticamente media en comparación con otras, la mayoría de la gente se acerca a ella por sus vibraciones alegres y amistosas. Esto también tiene que ver con la psicología; la mayoría de la gente suele tener celos o sentirse intimidada por la gente guapa, ya que puede suponer una amenaza para su vida social. Dado que los rostros con forma de diamante se consideran algo promedio, resultan menos amenazantes y más accesibles.

En marcado contraste con su rasgo amistoso, las personas con esta forma de cara pueden enfadarse fácilmente. Pueden tener mal genio y reaccionar rápidamente. Son amables, pero si se les lleva al límite, seguramente devolverán el ataque y mostrarán su naturaleza agresiva, que puede resultar bastante feroz.

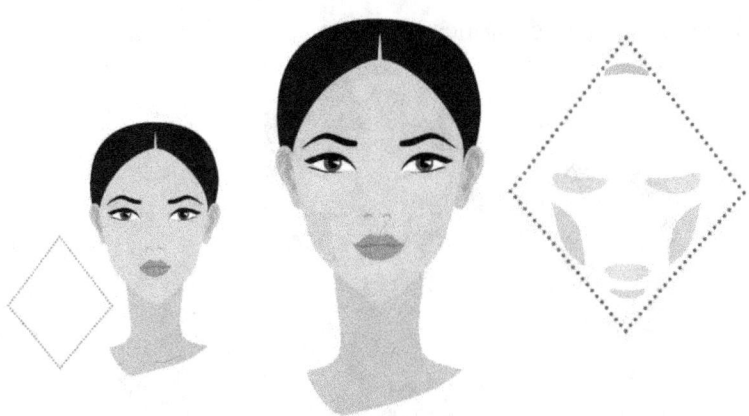

Forma de Diamante

Forma rectangular

Al igual que las caras cuadradas, las personas con esta forma también son líderes hábiles. Como la forma rectangular suele considerarse fuerte, también se refleja en los rasgos de quienes tienen esta forma de rostro. Si conoce a una persona con una cara rectangular, con una frente amplia, pómulos altos y mandíbulas afiladas, es muy probable que tenga poderosas habilidades de liderazgo y sea más fuerte que las personas con una cara estrecha. Los rostros de forma rectangular se comparan a menudo con los rostros alargados. Y aunque los rostros alargados tienen el mismo conjunto de habilidades y cualidades de liderazgo, los primeros son líderes más fuertes y eficaces. Se puede observar que los directores generales con rostros rectangulares suelen ser más poderosos y suelen conducir a su empresa hacia el éxito comercial y financiero.

Al igual que las personas con rostros en forma de diamante, un rasgo negativo importante de los que tienen rostros rectangulares es que pueden tener mal genio y ser rápidamente agresivos. En casos extremos, estas personas pueden necesitar clases de control de la ira. El lado positivo es que son grandes pensadores y suelen pensar con la lógica en lugar de con las emociones y el instinto, pero son propensos a pensar demasiado y a autoinfligirse estrés, lo que puede arruinar sus decisiones o planes.

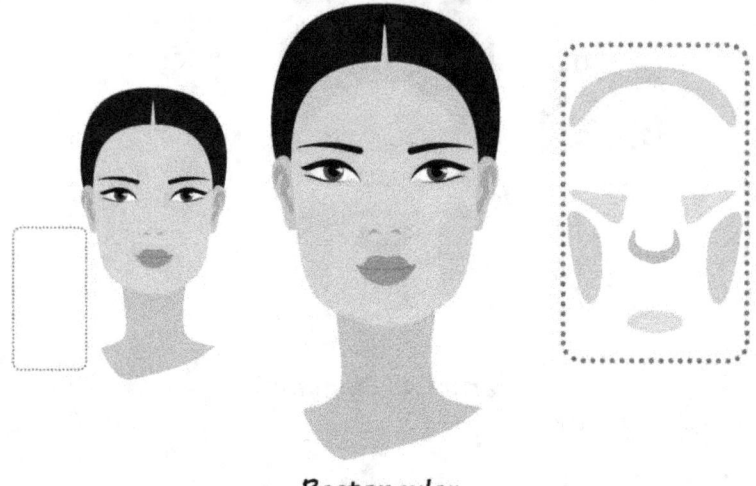

Rectangular

Forma de triángulo

La forma de triángulo también suele denominarse rostro en forma de perla. Se caracteriza por una mandíbula ancha y una frente estrecha. El mentón suele ser acampanado y bastante dominante en comparación con otros rasgos faciales. Las personas con esta forma de cara suelen querer liderar a los demás y estar al mando, lo que les convierte en magníficos gestores de negocios o propietarios de empresas. Si la frente es demasiado estrecha, esto refleja su incesante necesidad de estar al mando. Son capaces de hacer cualquier cosa para demostrar su capacidad de liderazgo y tomar el control. La planificación de fiestas y la gestión de eventos son opciones profesionales ideales para ellos. En general, esta necesidad de controlar y gestionar se deriva de su deseo de triunfar, lo que les ayuda a alcanzar antes sus objetivos y a ganar dinero mediante un trabajo duro y honesto. El rostro con forma de triángulo suele denominarse "rostro de fuego" en la lectura tradicional china de los rostros.

Atributos comunes de un rostro triangular

• **Brillante e Iluminador:** Estas personas difunden la alegría y la risa a su alrededor, lo que aumenta su capacidad de atraer a los demás y de entablar amistades. En cuanto entran en una habitación, esta se ilumina. Esta cualidad iluminadora significa que pueden convencer a la gente para que esté de acuerdo con ellos y cambiar su mentalidad con relativa facilidad. Puede ser muy beneficioso en determinados entornos, como un trabajo de relaciones públicas o de ventas.

• **Indulgente:** Son demasiado alegres y motivados para guardar rencores y creen que los seres humanos cometen errores. Según ellos, todo el mundo debería tener una segunda oportunidad.

• **Sociables y con capacidad para relacionarse:** En el mundo laboral, las personas con cara triangular hacen contactos con facilidad, lo que es beneficioso para su carrera y desarrollo profesional. Como pueden dirigir un equipo y son capaces de motivar a los demás, son excelentes oradores y presentadores. Siempre buscan un público para mostrar sus habilidades y sentirse importantes.

• **Carácter irascible:** Las personas con forma de triángulo se enfadan con facilidad. Aunque tienen mucho empuje y talento, su mal genio puede interponerse en su camino y echar a perder valiosas oportunidades. En situaciones intensas, estas personas pueden distraerse de sus objetivos y ver retrasado su éxito debido a su temperamento brusco y vehemente.

Los individuos con forma de cara triangular son muy extrovertidos y pueden hacer amigos sin pretensiones. Es divertido estar con ellos y desprenden felicidad y vibraciones positivas. Brillan con fuerza y quieren que los demás también brillen, lo que explica su carácter inspirador y motivador.

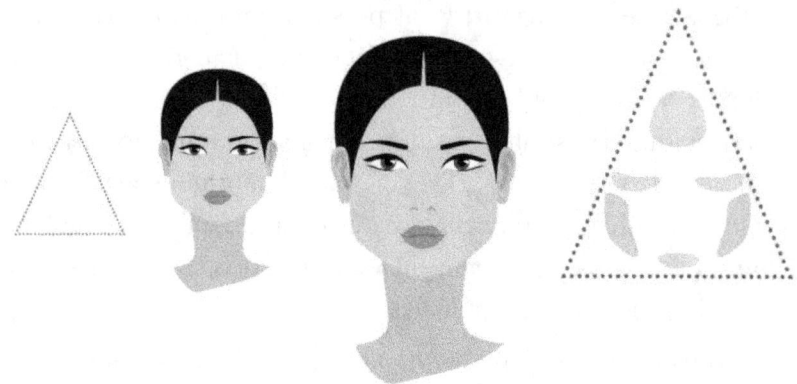

Triángulo con forma en A

Entendiendo las Doce Casas - una de las principales jergas de Mien Shiang

También conocidas como los Doce palacios o las Doce secciones, las Doce casas hacen referencia a las doce formas básicas de leer los rostros. El número doce es significativo en la lectura del rostro porque los antiguos libros chinos de fisiognomía establecían doce secciones del rostro humano. La ubicación de estas doce casas se alinea con la fortuna del individuo. Paralelamente, otros factores que se cree que influyen en el rostro tienen que ver con la disposición, la forma, el brillo y el color de estas doce casas.

1. Casa de la vida

Ubicación: Entre las cejas y por encima de la nariz.

Qué representa: La fortuna del individuo a lo largo de su trayectoria.

Qué sugiere: Si la línea es gruesa y carece de líneas finas, surcos y lunares, significa que el individuo será bendecido con riqueza y éxito en sus últimos años.

2. Casa de los hermanos

Ubicación: En las cejas

Lo que representa: La relación que uno tiene con sus hermanos, amigos y conocidos cercanos. La ceja derecha representa la relación con las hermanas y la ceja izquierda sugiere la relación con los hermanos.

Lo que sugiere: Si el individuo tiene las cejas gruesas y lisas, tiene un amplio círculo de amigos de confianza. En cambio, si alguien tiene las cejas desordenadas, significa que sus amigos son viles.

3. Casa de la Riqueza

Ubicación: En el vértice y las alas de la nariz.

Qué representa: El rendimiento de una persona en su carrera profesional y la riqueza que amasará.

Qué sugiere: Si las alas y el ápice de la nariz son brillantes y están llenos, podría indicar que se avecinan buenas oportunidades. Por el contrario, una persona que tenga un ápice con un lunar podría tener dificultades en su carrera y carecer de oportunidades durante un periodo prolongado, pero si el ápice aparece inyectado en sangre o alberga granos, podría indicar pérdidas financieras inesperadas.

4. Casa de la Salud

Ubicación: Puente de la nariz.

Qué representa: El estado de salud de un individuo y la calidad de sus atributos físicos.

Qué sugiere: Si el puente de la nariz está brillante y sin cicatrices, roturas, líneas, surcos o lunares, indica una salud afortunada y felicidad.

5. Casa del matrimonio

Ubicación: El rabillo del ojo.

Lo que representa: La salud de una relación o un matrimonio.

Qué sugiere: Si el rabillo del ojo está brillante y lleno, indica una relación sana y un matrimonio largo. Si se hunde o tiene lunares, podría predecir una relación tortuosa. Mientras que un rabillo izquierdo oscuro para una mujer significa que su cónyuge tiene una aventura o participa en indulgencias extramatrimoniales, el derecho oscuro suele significar que se enfrenta a obstáculos en su matrimonio.

6. Casa de los hijos

Ubicación: Debajo de los ojos.

Qué representa: La salud, las incidencias y la información relacionada con sus hijos.

Qué sugiere: Si sus ojos tienen bolsas debajo de ellos o si la piel se hunde, puede indicar que no tiene hijos. Si la zona y la piel de debajo de los ojos están hinchadas, indica que va a tener hijos o que ya los tiene. Pero no debería estar demasiado rellena, ya que podría predecir resultados desfavorables. Si la zona de debajo de los ojos está llena de arrugas o tiene lunares, significa que se preocupa demasiado por el bienestar y el futuro de sus hijos. En los hombres, la parte izquierda de la Casa de los hijos indica hijos, mientras que la parte derecha sugiere hijas.

7. Casa de la carrera

Ubicación: En medio de la frente.

Lo que representa: Su posición en su lugar de trabajo y su carrera.

Qué sugiere: Si la Casa de la carrera está ligeramente elevada y llega hasta la nariz, indica que tendrá un buen rendimiento en el trabajo y que destacará en su carrera, pero si tiene arrugas, hoyos, líneas o lunares, podría significar posibles problemas en su vida profesional, como el despido, la pérdida del trabajo o el desempleo prolongado. Chiang Kai-shek, una renombrada figura política histórica china, tiene la Casa de la carrera deseada.

8. Casa de los viajes

Ubicación: En las patillas.

Lo que representa: Su viaje, las oportunidades y la fortuna de los viajes.

Qué sugiere: Si sus patillas tienen arrugas, surcos, líneas o lunares, significa que podría haber problemas con sus próximos planes de viaje. Por lo tanto, se aconseja quedarse en casa y evitar viajes innecesarios. En cambio, si están brillantes y rellenas, puede viajar con seguridad y esperar a que se produzcan viajes enriquecedores en el futuro.

9. Casa de la asistencia

Ubicación: A cada lado de la barbilla.

Qué representa: La cantidad de ayuda que recibe de sus subordinados, cónyuge o asistentes, y lo competentes que son.

Qué sugiere: Si los lados de la barbilla son rectos y suaves, indica que sus subordinados son serviciales y le guiarán a lo largo del viaje. Pero si están hundidos, podría significar que sus ayudantes no son lo suficientemente competentes para ayudarle en su trabajo. También podría significar que son deshonestos y que no debe confiar del todo en ellos.

10. Casa de los padres

Ubicación: Por encima del punto de inicio de la ceja.

Lo que representa: A sus padres. El punto de la ceja derecha representa a su madre, y el punto de la ceja izquierda representa a su padre.

Qué sugiere: Si el punto de inicio de las cejas es brillante, regordete y suave, indica la longevidad y la salud de sus padres. Pero si es insolente, áspero o tiene un lunar o un surco, podría afectar considerablemente a estos dos aspectos. En este caso, asegúrese de llevar un buen control de la salud de sus padres.

11. Casa de la Propiedad

Ubicación: En el párpado superior.

Qué representa: Los bienes de una persona, la herencia, la residencia, la vivienda y el amor familiar.

Qué sugiere: La Casa de la propiedad se manifiesta cuando el párpado superior está elevado, en particular el punto más alejado de la ceja. En este caso, al niño le resulta más fácil heredar los bienes ancestrales, y a menudo se los dan sin pedirlos. Sin embargo, si la ceja está demasiado cerca del párpado superior, o si se observa que alguien tiene la cuenca del ojo hundida, suele significar que tendrá problemas para heredar sus bienes ancestrales.

12. Casa de la Fortuna y la Emoción

Ubicación: Por encima de la curva de la ceja y a los lados de la Casa de la carrera.

Qué representa: La fortuna, la salud emocional y la salud mental.

Lo que sugiere: Si la Casa de la fortuna y las emociones está abultada, significa que usted es optimista y está en paz consigo mismo. Pero si está hundida, podría indicar una mentalidad negativa y una naturaleza pesimista. También podría significar que le falta confianza en sí mismo. Por último, si la Casa de la fortuna y las emociones es de color oscuro, la persona podría sufrir pronto debido a su mala suerte.

Cielo, Hombre y Tierra

La antigua lectura de rostros china también seguía otro método para leer los rostros y marcar sus atributos, a saber, con las secciones de Cielo, Hombre y Tierra. La zona que va desde la frente hasta la punta de las cejas superiores se conoce como Cielo, la parte central entre las cejas superiores y la punta de la nariz se llama Hombre, y la última sección de la cara, por debajo de la nariz hasta la barbilla, se llama Tierra. El Cielo se asocia con los primeros años o la juventud. El Hombre se asocia a la edad media y la Tierra a la vejez. Si se observan cicatrices, decoloración o costras en alguna sección en particular, puede relacionarse con problemas en la vida de la persona durante ese período relevante. Por ejemplo, si observa decoloración cerca de la zona de la barbilla de una persona, significa que esta puede sufrir en su vejez.

Si las marcas son temporales, esto indica que la persona sufrirá temporalmente y superará la dificultad una vez que haya pasado la fase difícil. Por lo tanto, antes de leer el rostro de una persona a través de su marca, pregunte si la mancha es un hematoma temporal o una marca de nacimiento permanente. Incluso si hay una mancha en la cara de alguien, podría significar algo. En general, cualquier forma de decoloración o adivinación se relaciona con la intuición del lector de rostros.

Según la antigua tradición china de lectura del rostro, estas tres zonas representan los siguientes atributos:

1. Cielo

Esta sección se encuentra entre la línea del cabello y la punta de la ceja superior, y representa la infancia de una persona y su destino durante sus primeros años.

Aspectos positivos: Si la zona está libre de manchas, marcas, bultos, cicatrices, decoloración o cualquier otro defecto aparente, significa que la persona ha tenido una infancia feliz y un buen comienzo en la vida. Denota una relación sana con sus padres, amigos y compañeros. Además, la persona fue bendecida con una educación notable, valores y un estilo de vida saludable.

Aspectos negativos: Por el contrario, si la persona muestra cicatrices, protuberancias, líneas o decoloración en la parte del cielo, podría significar que ha tenido una infancia problemática o traumática, lo que también podría afectar a sus etapas posteriores de la vida. Aunque una frente ancha es generalmente preferible, no es del todo deseable para las mujeres, ya que podría presagiar malas relaciones. Si la desfiguración se observa en el lado derecho, es perjudicial para las mujeres. Por el contrario, una desfiguración en el lado izquierdo es indeseable para los hombres. La mayoría de las personas tienen líneas en la frente, lo que sugiere los principales rasgos de una persona, mientras que algunas líneas indican suerte; otras representan dificultades y desgracias.

2. Hombre

La parte central del rostro de una persona indica sus rasgos y su destino durante la edad adulta.

Aspectos positivos: Si la zona está libre de manchas, marcas, protuberancias, cicatrices, decoloración o cualquier otro defecto aparente, significa que la persona será productiva, feliz y se le promete una gran carrera. Serán bendecidos con una vida profesional deseable y sobresaldrán para alcanzar el éxito. También significa que disfrutarán de relaciones felices y estables.

Aspectos negativos: Por el contrario, si la persona tiene cicatrices, protuberancias, líneas o decoloración dentro de la sección del Hombre, podría significar que podría enfrentar un bloqueo en su vida amorosa y en su carrera. Pueden ver retrasado su éxito o incluso perder su trabajo. Su relación podría verse afectada debido a una ruptura inesperada o a un matrimonio fallido. Además de las cicatrices y la coloración, la longitud y el tamaño de la sección del Hombre también importa; si es más larga que las otras dos secciones, significa que la persona está decidida e impulsada a cumplir sus objetivos. También retrata una personalidad y un carácter de autodisciplina.

3. Tierra

La sección inferior de la cara, tradicionalmente denominada sección de la Tierra abarca desde la parte inferior de la nariz hasta el final de la barbilla.

Aspectos positivos: Si la zona está libre de manchas, marcas, protuberancias, cicatrices, decoloración o cualquier otro defecto aparente, significa que la persona tendrá una vejez satisfactoria con relaciones estables y duraderas e hijos cariñosos. También indica una carrera exitosa y una vida de jubilación cómoda. Al mismo tiempo, también podría significar que han sido bendecidos con buena salud a pesar de su avanzada edad.

Aspectos negativos: Por el contrario, si la persona tiene cicatrices, protuberancias, líneas o decoloración en la sección de la Tierra, podría significar que podría tener una vejez infeliz. Podría sufrir una mala salud o sufrir una pérdida inesperada, lo que le dejaría solo en sus últimos años.

Este método de lectura de un rostro es el más fácil y accesible y puede predecir la vida de una persona a lo largo de diferentes etapas. Si se quiere leer rápidamente a alguien y advertirle de cualquier posible acontecimiento negativo, esto puede ayudarle a tomar las medidas necesarias y dar un giro a la situación. Si alguna de estas tres divisiones parece más comprimida que otras, significa que la persona ha tenido o tendrá una vida difícil durante ese periodo. Por ejemplo, si su frente (sección del Cielo) es más pequeña que la sección del Hombre o de la Tierra, ha tenido una infancia difícil.

Trece divisiones

Otra forma detallada de leer el rostro de alguien en la filosofía tradicional china es dividir la cara en trece subsecciones, empezando por la parte inferior de la línea del cabello hasta la punta inferior de la barbilla. A diferencia de las Doce Casas explicadas anteriormente, estas trece divisiones son más específicas en términos de ubicación y alineación. Las divisiones comienzan en la parte superior de la frente y se extienden hasta la barbilla, extendiéndose horizontalmente a lo largo de la cara.

Las tres secciones principales (Cielo, Hombre y Tierra) se dividen a su vez en 13 secciones. A continuación, se presenta un desglose detallado de cada una de ellas:

1. Tien Chung

Ubicación: Directamente debajo de la línea del cabello, el primer punto - en la sección del Cielo.

Qué sugiere: Al estar situado en la sección del Cielo, representa la vida de una persona durante la infancia. Si no tiene costras, decoloración o cualquier otra marca, indica que la persona ha tenido o tendrá una infancia feliz y saludable. Al mismo tiempo, disfrutará de relaciones satisfactorias con sus padres, profesores, amigos y conocidos, no solo en su infancia, sino también en una experiencia igualmente alegre a lo largo de su juventud. Pero si hay marcas o manchas en esa zona concreta, podría indicar una infancia dolorosa llena de dificultades y sufrimiento. Si observa marcas o venas oscuras en esa zona, podría significar que la persona podría haber sufrido un accidente grave. También debe advertir a la persona de una pérdida repentina, que podría ser económica o concerniente a una relación personal. Si se trata de un pico de viuda, podría significar que su padre podría fallecer antes que su madre.

2. Tien Ting

Ubicación: Debajo de Tien Chung, en el centro de la frente - en la sección del Cielo.

Lo que sugiere: Esto se refiere sobre todo a las relaciones familiares, especialmente con la madre y el padre. Si la zona está marcada o coloreada, podría apuntar a circunstancias negativas en sus relaciones personales. Además, una marca en este punto indica deshonestidad y revela instantáneamente que una persona no dice la verdad.

3. Ssu K'ung

Ubicación: Justo encima del centro de las cejas - en la sección del Cielo.

Qué sugiere: Representa la fortuna y la carrera de un individuo. La ausencia de decoloración o una tez uniforme significa que la persona no debe preocuparse por su carrera. Está destinado a tener éxito profesional. Si nota alguna decoloración o mancha en este punto, podría indicar un obstáculo en la carrera del individuo. Puede ser temporal o permanente, dependiendo de la situación de la persona y de su historial de decoloración (resultado de un accidente o de cicatrices de acné).

4. Chung Cheng

Ubicación: Alrededor del centro de las cejas - en la sección del Cielo.

Lo que sugiere: Si esta zona alberga una marca, una mancha o cualquier forma de decoloración, indica mala suerte. La persona es indecisa o incapaz de esforzarse por alcanzar sus objetivos. También puede implicar la incapacidad de la persona para mejorar su imagen personal, lo que puede obstaculizar sus planes de vida y sus objetivos futuros. Si la zona está hundida, puede ser el signo de un intelecto inferior a la media y de una escasa capacidad de evaluación. Por último, cualquier mancha, marca o protuberancia significa una vida social poco fructífera y la incapacidad de hacer nuevos amigos; la persona difícilmente tendrá amigos o conocerá a alguno en el futuro. Pero si la zona es clara y lisa, indica que tomará decisiones acertadas, actuará según sus planes, trabajará duro para conseguir sus objetivos y tendrá una vida social gratificante.

5. Yin Tang

Ubicación: Directamente sobre el centro de las cejas - en la sección del Cielo.

Lo que sugiere: Si las cejas se juntan, total o parcialmente, esto también indica mala suerte y podría significar que la persona no recibe suficiente respeto. En la lectura del rostro en China, se cree que esta es una de las formas más visibles y obvias de mala suerte. Cualquier mancha, lunar, bulto o decoloración en esta zona revela mala suerte en términos de herencia, salud o adopción. También se considera una señal de futuro encarcelamiento. Si el individuo tiene más de cuarenta años y muestra arrugas o líneas en esta zona, no tiene mucho de qué preocuparse, salvo un poco de estrés o tensión que podría afectar a su salud. Alguien menor de cuarenta años con estas arrugas o pliegues suele estar estresado por su carrera, sus relaciones personales y otros aspectos importantes de su vida. También tienen un carácter celoso y pueden sentirse fácilmente intimidados por los demás. Los defectos en esta zona también indican la posibilidad de haber tenido dificultades durante la juventud, pero si la zona es lisa, clara y saludable, significa que la persona se desempeñará bien en los negocios y es probable que obtenga una herencia.

6. Shan Gen

Ubicación: El centro de las cejas o en el Tercer Ojo - en la sección del Hombre.

Lo que sugiere: Como se ha mencionado anteriormente, una ceja única sugiere principalmente mala suerte. Si la zona es de color gris o muestra una decoloración oscura, puede significar que la persona puede estar sufriendo una enfermedad. Si se ve una mancha de color verde en esta zona, puede revelar prácticas adúlteras. Cualquier otra forma de mancha, lunar o protuberancia indica problemas digestivos y estomacales o incluso encarcelamiento. También puede significar que la persona está deseando emigrar. Sin embargo, si la zona es clara, significa que goza de buena salud y estabilidad en su vida.

7. Men Shang

Ubicación: Por debajo del punto central de las cejas, el punto de partida de la nariz - en la sección del Hombre.

Lo que sugiere: Una zona clara indica buena salud y relaciones personales estables, especialmente a una edad temprana. Si la zona es oscura, el niño puede enfermar o sufrir complicaciones de salud repentinas. Si la zona está descolorida o tiene lunares, indica problemas digestivos y estomacales tanto para ellos como para su pareja. Si no es así, el individuo también podría tener problemas en su relación personal, específicamente con su cónyuge.

8. Shou Shang

Ubicación: En el centro del puente de la nariz - en la sección del Hombre.

Lo que sugiere: Si una mujer tiene un lunar o una decoloración en el puente de la nariz, podría indicar problemas en su relación personal o sentimental. También debería advertir a su marido de enfermedades repentinas o problemas de salud. La mujer puede enfrentarse a muchas dificultades en su vida, especialmente en lo que respecta a las relaciones y al compromiso a largo plazo. Los hombres con una decoloración o lunares similares en esta zona también pueden enfrentarse a problemas de salud, aunque aún no estén casados. Si la estructura ósea nasal de una persona parece abultada o de alguna manera fuera de forma, podría causar problemas en su negocio o carrera. Sin embargo, un puente nasal liso y sin manchas o decoloraciones significa éxito en la profesión, mejor salud y relaciones personales estables.

9. Chun T'ou

Ubicación: Punta de la nariz - en la sección del Hombre.

Lo que sugiere: Si la punta de la nariz tiene lunares, manchas o decoloración, indica mala suerte en todos los aspectos de su vida: vida personal, relaciones, carrera, salud y demás. Sin embargo, si la punta está libre de puntos negros, marcas, manchas, lunares o cualquier otra cosa, indica buena suerte y fortuna en todas las áreas de su vida.

10. Jen Chung

Ubicación: En el punto de hundimiento por encima de los labios y justo debajo de la nariz - en la sección de la Tierra.

Lo que sugiere: Esta zona surcada, que también se conoce como el filtrum de la línea caída, también representa la suerte de una persona. A diferencia de otras zonas que solo denotan suerte a través del color y la textura, esta zona cuenta la historia de una persona a través de su forma y profundidad. Si el filtrum es ancho en la base y estrecho en la parte superior, significa que la persona será bendecida con riquezas e hijos sanos. En este caso, la hendidura entre la parte superior y la inferior de la zona acanalada no debe ser ni demasiado plana ni demasiado profunda. Junto con la riqueza y los hijos, también conseguirán respeto y un estatus social más alto. Si el surco facial es más ancho en la parte superior y estrecho en la inferior, puede significar dificultades para tener hijos. En los hombres, esta forma indica una naturaleza agria y una ética dudosa. La persona puede tener problemas con los demás y a menudo se ve envuelta en peleas debido a la falta de buenos modales. Por último, también tendrán complicaciones en sus relaciones personales.

Si la parte acanalada tiene una línea media en el centro que va hacia abajo, significa que la persona tendrá hijos más adelante en su vida. Pero si la zona acanalada está ligeramente doblada, significa que el individuo sufrirá en su vida social debido a su naturaleza engañosa. Puede experimentar una falta de respeto y reconocimiento y verse sometido a la impopularidad. También corren el riesgo de no poder tener hijos.

11. Shui Hsing

Ubicación: En la boca, sobre los labios - en la sección de la Tierra.

Qué sugiere: Si las comisuras de la boca están orientadas hacia abajo, puede significar mala salud y relaciones extenuantes. Si los labios están apagados y carecen de color, es un signo típico de mala fortuna. Por el contrario, unos labios llenos y rosados indican prosperidad y buena suerte. La comisura de la boca, si se gira hacia arriba, denota felicidad, buena suerte y un matrimonio saludable. Incluso si los labios están temporalmente descoloridos, esto puede revelar problemas intermitentes en la relación o la salud.

12. Ch'eng Chiang

Ubicación: En el hueco debajo de los labios y encima de la barbilla - en la sección de la Tierra.

Según se indica, los hombres que carecen de vello en este pequeño hueco pueden padecer una mala salud digestiva y problemas estomacales. También es el caso de las mujeres que albergan manchas, marcas o decoloración en esta zona. Sus estómagos suelen ser débiles, y deben vigilar de cerca su ingesta de alimentos y seguir una dieta estricta. Si la cavidad parece descolorida temporalmente, especialmente durante un momento específico del día, como las mañanas, puede significar que la persona puede tener problemas durante sus viajes. Se aconseja a estas personas que eviten los viajes en agua o en barco, especialmente durante el día (si la decoloración se nota por la mañana, por ejemplo).

13. Ti ko

Ubicación: Punta de la barbilla - en la sección de la Tierra.

Lo que sugiere: La última sección de la cara, que también está en la parte inferior de la línea central y se conoce como Ti ko, indica la apariencia y las emociones. Si el mentón es redondo y suave, la persona puede tener una personalidad y apariencia fuertes. Si tiene una barbilla puntiaguda, especialmente de lado, significa que la persona no tiene disculpas y guarda rencor a los demás. Una barbilla puntiaguda tampoco es deseable, ya que indica mala suerte. Si esta zona presenta lunares, cicatrices o cualquier forma de decoloración, puede ser un signo premonitorio de enfermedad, grandes pérdidas económicas, accidentes o un problema de herencia. Pero si la barbilla no presenta decoloración, lunares ni cicatrices, indica buena suerte, estabilidad y una carrera exitosa y gratificante.

Estos trece puntos aparecen desde la parte superior a la inferior de la cara, como se ilustra. Se pueden recordar fácilmente gracias a las tres divisiones del rostro: Cielo, Hombre y Tierra.

Capítulo 3: Los cinco elementos y las personalidades

Esta sección abarca los cinco elementos tradicionales que son la madera, el fuego, la tierra, el metal y el agua, que coinciden con las estaciones o con los rasgos de la personalidad de cualquier individuo. Esta es la teoría taoísta del Mien Shiang. Antes de conocer estos cinco elementos y sus significados, entendamos primero por qué es relevante este análisis. Dado que los cinco elementos y la estación asociada a cada uno son una parte natural de nuestro universo y ecosistema, se relacionan con nuestra naturaleza. Básicamente, todos nosotros somos nuestro propio sistema, lo que facilita el paralelismo con la naturaleza, pero como todos tenemos diferentes fortunas y crianzas, nuestras características y personalidades varían. Esto justifica la relación entre nosotros y las fuerzas de la naturaleza.

Al mismo tiempo, la inclusión de estos elementos naturales con las estaciones abarca a todo tipo de individuos, dando a todos una oportunidad con horizontes ampliados y una combinación de rasgos diferentes. Dependiendo de los elementos y de su combinación particular, pueden ser tanto introvertidos como extrovertidos en diferentes situaciones. Esta correlación explica nuestros rasgos dominantes, debilidades y personalidades que pueden ser bastante impactantes. Por ejemplo, un individuo puede relacionarse con la primavera mientras tiene rasgos del invierno.

Al conocer estos elementos y aplicarlos al estudio y la práctica de la lectura de rostros, podrá comprender mejor el comportamiento y la vida personal de una persona. A veces, nos apresuramos a juzgar a alguien basándonos en su comportamiento y apariencia externa; no muchos comprenden que podrían estar pasando por un momento difícil o haber sufrido una pérdida, lo que provoca su comportamiento amargo. Una vez que usted aprenda a leer los rasgos de una persona, podrá relacionarse con su situación a un nivel más profundo y entenderla de mejor manera. Obtendrá respuestas a preguntas como:

- ¿Por qué se comportaron así?
- ¿Estaban estresados? Si es así, ¿cuál es la causa?
- ¿Por qué creen que pueden ir por la vida sin un plan?
- ¿Por qué se quedan siempre solos? ¿Por qué rara vez salen?
- ¿Cómo se relacionan con sus familiares y amigos?
- ¿Cómo son tan abiertos? ¿Cómo es que nunca se sienten tímidos?
- ¿Por qué nunca se expresan del todo?
- ¿Por qué están siempre enfadados o frustrados?

En lo que sigue, aprenderemos más sobre estos elementos, las estaciones y la relación entre ellos, en un intento de comprender e interpretar los rasgos únicos de la personalidad de una persona.

Los 5 elementos y su significado

1. Madera

Asociación con la estación: La primavera y la energía de esta estación.

Su significado: La estación de la primavera personifica el renacimiento, el crecimiento y el rejuvenecimiento. Al igual que las flores y los árboles crecen en presencia de la luz del sol, este elemento significa avanzar hacia la luz. También se trata de salir del estancamiento y de la falta de vitalidad. El elemento Madera en una persona indica movimiento, evolución y crecimiento. Si bloquea el camino de una persona que representa el elemento Madera, podría retrasar su progreso debido a la incapacidad de avanzar y encontrar el equilibrio.

Asociación con los rasgos faciales: La persona con este elemento tiene una forma de cejas bien definida y una mandíbula fuerte. La forma de su rostro es generalmente rectangular o cuadrada.

2. Fuego

Asociación con la estación: El verano y el apogeo de esta estación.

Qué significa: El verano representa la vitalidad, el crecimiento, la luz y la alegría. Al igual que las abejas vagan en busca de néctar, las flores florecen y el aire se vuelve más fresco, un individuo con este elemento será feliz, vivaz y siempre buscará la manera de alcanzar sus objetivos. La mayoría de las veces, la persona con el elemento Fuego tendrá una personalidad atractiva y positiva. Será curiosa por naturaleza y tratará de adquirir nuevas habilidades cuando y donde pueda.

Asociación con los rasgos faciales: La persona puede tener pecas y hoyuelos en las mejillas y la barbilla. Sus rasgos faciales suelen ser puntiagudos y sus ojos son muy abiertos. Se puede notar un brillo en sus ojos. Siempre que hablan, sus ojos se abren de par en par y brillan. Su sonrisa contribuye a su aura positiva e ilumina su entorno.

3. Tierra

Asociación con la estación: El final del verano y la cosecha en esta estación.

Su significado: De la misma manera que la gente se reúne para recoger la cosecha de la temporada, este elemento representa el sentido de unidad de una persona. También indica abundancia en la vida. Si una persona con el elemento Tierra no ha sido bendecida con la abundancia, buscará el consuelo y la atención de sus amigos y familiares, lo que le animará a hacer también nuevos amigos y contactos. También apuestan por la comodidad, especialmente en su hogar.

Asociación con los rasgos faciales: Los rasgos de esta persona suelen ser regordetes y redondos. Normalmente, una persona con este elemento tendrá labios carnosos, ojos grandes, mejillas regordetas y cara redonda.

4. Metal

Asociación con la estación del año: Otoño/Otoño.

Qué significa: Al igual que en otoño, cuando la gente se da cuenta de la importancia de la luz del sol, el verdor y la frescura, los que tienen el elemento Metal querrán conservar las cosas y aferrarse a ellas con fuerza. Les resulta difícil dejar ir las cosas y las personas. Tanto si se trata de una divertida salida con sus amigos como de una sabrosa comida, saborearán cada momento y extraerán de él toda la alegría posible. Siempre que se quiera dejar atrás los recuerdos de cualquier experiencia, hay que recurrir a una persona que posea este elemento. Al mismo tiempo, para ellos también es fácil desprenderse de las cosas; si les hace daño o si sienten que algo ya no es valioso, no se lo pensarán dos veces antes de dejarlo ir. Al igual que los árboles se desprenden de sus hojas muertas, los individuos con el elemento Metal también se desprenden con facilidad.

Asociación con los rasgos faciales: El rostro de esta persona es generalmente simétrico y espaciado. Sus rasgos son afilados y puntiagudos. Una persona con este elemento puede tener la piel clara, las cejas muy arqueadas, los pómulos afilados y la nariz puntiaguda.

5. Agua

Asociación con la estación: Invierno.

Su significado: Tanto el agua como el invierno representan la profundidad y la oscuridad. Al igual que el mar o el océano son profundos y misteriosos, los individuos de este signo también tienen una personalidad misteriosa y a menudo prefieren estar solos. Pueden parecer de una manera en la superficie, pero ser diferentes y reservados en el fondo. Incluso si se les deja solos o en la oscuridad durante un tiempo, no parece importarles. De acuerdo con el proverbio, "El agua silenciosa corre profunda", tienen muchas cosas en su mente, pero casi nunca expresan o revelan nada.

Asociación con los rasgos faciales: El mentón de esta persona puede ser bastante prominente. También pueden tener las orejas grandes, la frente redondeada y bolsas o hinchazón bajo los ojos que les dan un aspecto cansado y solemne.

Cómo leer los elementos (lo que sugiere cada rasgo facial)

Ahora bien, además de estos elementos básicos y de la forma de la cara, los rasgos individuales también denotan significados y rasgos ocultos en una persona.

Veamos con más detalle lo que revelan estos rasgos:

Cejas

Las cejas representan la suerte y el estado de la relación con los hermanos. También hablan de la vida social de una persona y de su capacidad para establecer contactos. Una ceja única sugiere que alguien puede ser provocado fácilmente y está dispuesto a meterse en una pelea o en una discusión por cuestiones insignificantes. Este es también el caso de las cejas que apenas se juntan. Lo ideal es que las cejas que representan la buena suerte estén bien cuidadas, sean más largas que la longitud de los ojos y dibujen una ligera curva.

Además, la dirección de las cejas también puede señalar varios significados.

- Si las cejas apuntan hacia abajo (arqueadas en el punto de partida e inclinadas hacia el final), significa que la persona es amable, generosa y siempre directa. También es una persona abierta.

- Si las cejas apuntan hacia arriba (arqueadas en el punto de partida y hacia el final), significa que la persona es muy ambiciosa y está motivada para alcanzar sus objetivos. Les gusta ser competitivos y se esfuerzan por ganar. Esto explica por qué desprecian perder.

- Si las cejas están demasiado cerca de los ojos, significa que la persona es introvertida y prefiere mantenerse al margen. Suelen ser tímidos, conservadores y no pueden hablar con la gente con confianza y soltura.

Rasgos comunes según la forma de las cejas

- **Cejas curvas:** Estas personas tienden a establecer conexiones con los demás con facilidad y hacen que el entorno sea más cómodo para todos los que les rodean. Como están orientados a las personas, se esfuerzan por conectar con los demás entendiéndolos primero. Si quiere explicar un concepto a estas personas, utilice ejemplos prácticos para hacerlo más sencillo y mantener su interés.

· **Cejas en ángulo:** Las personas con cejas anguladas tienen cualidades de liderazgo y quieren dirigir a un equipo en cualquier situación. Ya sea en una fiesta informal o en una presentación de negocios, siempre les gusta estar al mando. Ahora bien, cuando se trata de tener la razón y tomar una decisión, su naturaleza obstinada nunca deja de aparecer. Se esfuerzan por demostrar que tienen razón. Y aunque es muy posible que la tengan, el esfuerzo por demostrarla puede resultar pretencioso y desagradable. Por último, son centrados y testarudos en todo lo que se proponen.

· **Cejas rectas:** Estas personas son lógicas, prácticas y se guían por la información que se basa en el análisis y las pruebas. Si quiere que estas personas concedan un punto o estén de acuerdo con usted, lo mejor es presentarles datos factuales y verificables. Nunca se dejarán llevar por sus emociones, sino que recurrirán a la lógica y al sentido práctico para tomar una decisión o evaluar una situación.

Ojos

Los ojos grandes y brillantes son atractivos y tienden a disminuir los casos de incomodidad social, que es un rasgo dominante de las personas con cejas unidas. Si la parte blanca del ojo es clara, significa que pueden hacer amigos fácilmente. A menudo, estas personas son las más populares en sus amplios círculos sociales. Como dice el refrán, los ojos de una persona son las ventanas de su alma, lo que nunca ha sonado más cierto cuando se trata de estos individuos.

Además de esto, la dirección de los globos oculares y la zona de debajo de los ojos también sugiere varios significados.

· Si el globo ocular está más cerca del párpado inferior, la parte blanca es visible en la parte superior y en ambos lados de los ojos. Esto se conoce como "Tres ojos blancos superiores" e indica que la persona es infiel, egoísta y no obedece la ley. Por eso también se les conoce como ojos de serpiente.

· Si el globo ocular está más cerca del párpado superior, la parte blanca es visible en la parte inferior y en ambos lados de los ojos. Esto se denomina "Bajo tres ojos blancos" e indica que la persona es egocéntrica, generosa con sus amigos, testaruda y prefiere llevar la iniciativa en todo tipo de entornos.

· También conocido como el Palacio de los Niños, la zona de debajo de los ojos indica la suerte de una persona para tener hijos. La zona de debajo de los ojos, si está llena, indica que la persona tendrá la suerte de tener hijos con gran salud.

· Si la zona de debajo de los ojos está hundida, oscura, descolorida o presenta alguna cicatriz, significa que la persona puede tener dificultades para tener hijos. Si lo hace, su descendencia puede tener complicaciones de salud durante o después del nacimiento.

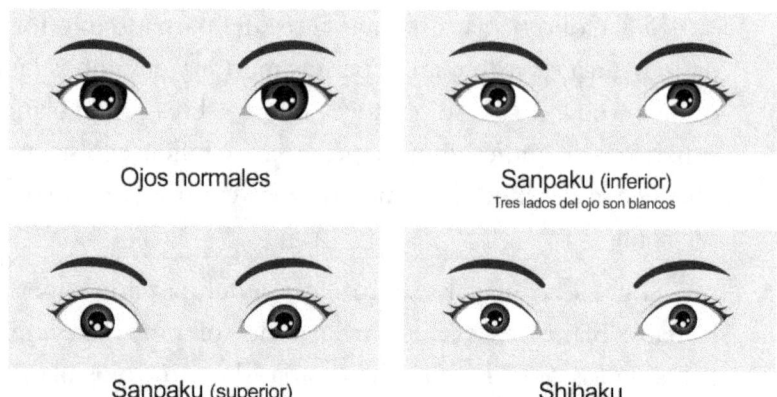

Ojos normales

Sanpaku (inferior)
Tres lados del ojo son blancos

Sanpaku (superior)
Tres lados del ojo son blancos

Shihaku
Cuatro lados del ojo son blancos

Rasgos basados en el tamaño y el color de los ojos

· **Ojos pequeños:** Estas personas suelen ser de mente estrecha y se centran en un enfoque metódico y pragmático a la hora de emprender proyectos. Son muy selectivos y se adentran en los temas que les llaman la atención. Básicamente, para ellos es todo o nada. También son meticulosamente organizados en su trabajo.

· **Ojos grandes:** Estas personas son curiosas y de mente abierta. Su intelecto se alinea con su curiosidad para producir cosas completamente fuera de lo común. Aunque tienen un gran poder imaginativo, pueden distraerse fácilmente. Su creatividad es digna de elogio y su naturaleza hipersensible es a menudo incomprendida.

· **Ojos Negros:** Estas personas son muy misteriosas y silenciosas, pero tienen muchas cosas en su interior más allá de su cruda fachada. Algunos pueden incluso tener poderes psíquicos. Quieren saber más sobre los que les rodean, pero rara vez se abren o comparten detalles sobre ellos.

· **Ojos marrones:** Las personas de ojos marrones están bendecidas con todas las cualidades de la Tierra, que incluyen la creatividad, la fertilidad, el valor, la energía y la resistencia. Prefieren las experiencias y las aventuras a las posesiones materiales. Además, quieren estar en la naturaleza y cerca de ella tanto como sea posible. Prefieren ser independientes, pero pueden colaborar fácilmente con otros cuando las circunstancias lo requieren.

• **Ojos de color avellana:** Estos ojos no solo son hermosos de admirar, sino que también le dan al portador algo para mostrar su naturaleza despreocupada y valiente. Siempre buscan a alguien que sepa expresar sus sentimientos. Estas personas también pueden ser muy sensibles.

• **Ojos verdes:** El verde es el color de la naturaleza y de la Tierra. Una persona con ojos verdes está más orientada a la naturaleza y suele sentirse atraída por lo que es fresco y orgánico. Creen en la alimentación y la vida sana, así como en la energía espiritual y los estudios místicos. También suelen ser muy compasivos y generosos.

• **Ojos azules:** Los ojos azules no solo son atractivos, sino que también reflejan un gran sentido de la conciencia. Las personas con ojos azules son muy curiosas y observadoras de su entorno. Esto se debe a que no pueden confiar en otras personas y difícilmente se fían de alguien en un instante, pero siguen siendo cálidos y amables con los demás.

• **Ojos grises:** Los individuos con ojos grises tienen una fuerza interna admirable. Son emocionalmente robustos e invulnerables, pero su sabiduría y sus puntos de vista heterodoxos les hacen estar de algún modo malhumorados e irritables, especialmente cuando alguien no está de acuerdo con sus creencias o puntos de vista.

La frente

La frente suele representar el poder de una persona en entornos formales, como una gran empresa. Si la frente es ancha o alta, significa que la persona posee un fuerte poder y es la cabeza de cualquier entidad. Si es baja, puede indicar una falta de liderazgo eficaz e inspirador.

Además, una frente ancha o alta también denota los siguientes rasgos en una persona:

Confianza: Estas personas son muy seguras de sí mismas y parecen ser dueñas de la habitación en cuanto ponen un pie en ella. Como resultado, atraen a los demás hacia ellos y pueden cosechar muchas oportunidades beneficiosas en el camino.

Madurez: Es difícil encontrar a estas personas en bromas infantiles, ya que prefieren manejar los asuntos delicados como lo hacen los adultos. Si necesita ayuda para tomar decisiones acertadas, estas personas son las indicadas.

Habilidades prácticas y de buena gestión financiera: Por eso son grandes contables. Además, nunca consideran sus emociones para tomar decisiones. Siempre eligen un enfoque más práctico, especialmente en el trabajo.

Éxito temprano: Gracias a su pragmatismo, confianza, madurez y habilidades de liderazgo inherentes, estas personas siempre tienen éxito antes que sus compañeros. Son perseverantes y no se detienen hasta cumplir su objetivo final.

El tamaño o el tipo de la frente de uno revela:

Frente alta: Estas personas son curiosas, están dispuestas a aprender y destacan en materias complejas como las matemáticas y la física. Además, siempre quieren estar seguras de sus decisiones y de lo que sus elecciones implican, ya que no les gusta especialmente correr riesgos y prefieren ir a lo seguro. Son muy reservados y también pueden guardar secretos. Le animarán a dar pasos metódicos por sí mismo para lograr sus objetivos con éxito.

Frente media: Del mismo modo, estos individuos son muy inteligentes y curiosos. Inspiran a los que les rodean para que trabajen duro, piensen positivamente y mantengan la concentración. Su naturaleza intuitiva y su capacidad para resolver problemas los convierten en activos inestimables de la empresa, lo que les ayuda a tener un buen desempeño en su carrera.

Frente baja: Estas personas odian estar enjauladas y prefieren ser libres. Además, su naturaleza espontánea les permite tomar decisiones rápidas y decisivas. No piensan antes de actuar y toman decisiones espontáneas, lo que puede empujarles al fracaso. Sin embargo, tienen un gran sentido del juicio que a menudo les aporta resultados favorables.

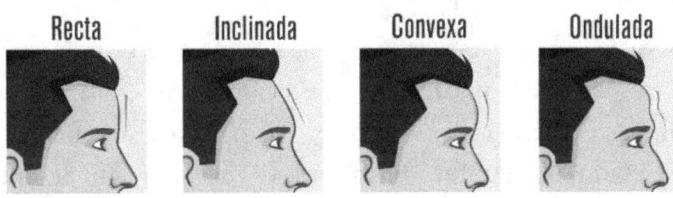

Así, leyendo la frente de una persona y analizando su forma y tamaño, se puede determinar su nivel de inteligencia, experiencia y su rendimiento profesional.

Las orejas

Las orejas de una persona significan su infancia, normalmente entre uno y catorce años de edad. Las orejas también representan la suerte ancestral de una persona.

Las orejas bajas, que están más alejadas de la cabeza, son generalmente un signo de bajo intelecto. Las orejas altas, que también están más cerca de la cabeza, significan que la persona es muy inteligente. No solo destacan en los estudios y el trabajo, sino también como líderes.

El grosor de las orejas también sugiere varios significados

· Las orejas gruesas y próximas a la cabeza indican la naturaleza sensible de una persona, su capacidad de reflexión y su habilidad para organizar y planificar (escritorios, reuniones o cualquier otra tarea profesional).

· Si las orejas son gruesas y altas (imagine el mango de una tetera), significa que la persona alcanzará el éxito a una edad temprana gracias a sus capacidades intelectuales. Paralelamente, también disfrutará de la fama que acompaña a estos logros tan duramente conseguidos.

· Los lóbulos de las orejas de una persona también sugieren ciertos rasgos fuertes sobre ella. Si son gruesos y llenos, significa que se han criado en una familia feliz, sana y rica. Han tenido un apoyo constante de su familia desde el principio y todavía lo tienen.

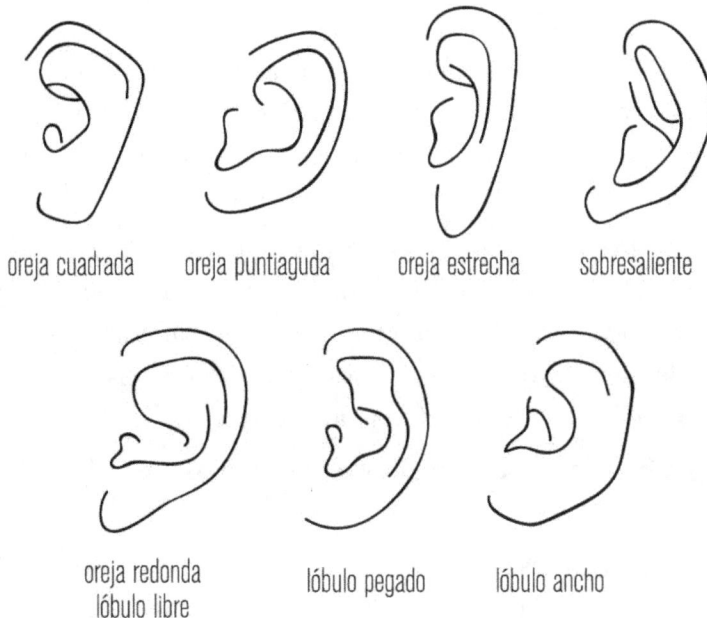

DIFERENTES FORMAS DE OREJAS HUMANAS

oreja cuadrada oreja puntiaguda oreja estrecha sobresaliente

oreja redonda lóbulo libre lóbulo pegado lóbulo ancho

La boca y los labios

También representa el elemento agua, la boca de una persona suele ser la que habla, lo cual es una forma eficaz de hacer juicios rápidos. Una boca ladeada y torcida es un signo de poca capacidad de comunicación. Esto, a su vez, significa que la persona no tiene suficiente confianza en sí misma y carece de la capacidad de hacer amigos. Si una persona tiene una boca grande, suele significar que es generosa y amable.

La forma y la posición de los labios también sugieren varios significados

- Si los extremos de los labios apuntan hacia abajo, significa que la persona es tímida, conservadora, desconfiada e infeliz la mayor parte del tiempo. No son especialmente amables y alejan a la gente por su comportamiento frío y obstinado.

• Si los extremos de los labios apuntan hacia arriba, significa que la persona es confiada, positiva, alegre y amistosa. Atraen a la gente hacia ellos y ser sus amigos es siempre una experiencia placentera y satisfactoria.

• Si los labios son gruesos, significa que la persona es amable y está sana física y mentalmente, pero no es especialmente buena para hablar en público, lo que puede suponer un grave problema en su vida profesional y social.

• Si los labios son finos, significa que la persona es una fanática del cotilleo. Les encanta juzgar y hablar de la gente a sus espaldas. También tienden a ser muy parlanchines, lo que puede ser favorable en entornos sociales para evitar la incomodidad y establecer una buena conexión.

Rasgos basados en el tamaño y el volumen de los labios de una persona

• **Labios gruesos o carnosos:** Los labios gruesos son bastante atractivos y contribuyen a la belleza de una persona. Estas personas tienden a ser muy seguras de sí mismas, cálidas y siempre están dispuestas a aprender cosas nuevas. Les encanta perfeccionar sus habilidades y adquirir otras nuevas. También aprecian a los que aportan y se preocupan por compartir nuevas experiencias con los demás. Por último, les gusta conocer gente nueva y hacer amigos.

• **Labios finos:** Estas personas prefieren la calidad a la cantidad y suelen ser extremadamente exigentes. Esto se debe a que se sienten atraídos por las cosas más finas. Prefieren los objetos, los pensamientos o la comida bien presentados; en otras palabras, la presentación les importa mucho. Son sofisticados y quieren hacer las cosas a su manera. Sin embargo, no impiden que los demás hagan las cosas a su modo

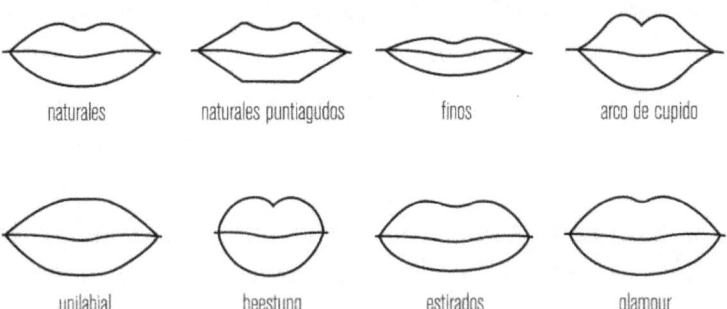

La nariz

La forma de la nariz mide su riqueza. Las personas con narices grandes suelen ser más ricas que las que tienen narices finas y respingonas. Y aunque los cánones de belleza favorecen las narices pequeñas y bien definidas, las personas con narices naturalmente más gruesas son más afortunadas en cuanto a riqueza y éxito en la vida en general.

La forma y el puente de su nariz también sugieren varios significados

· Si el puente de la nariz es alto y tiene alas gruesas en la base, significa que la persona tiene un carácter fuerte, es sincera, es popular en su círculo social y tiene la capacidad de hacerse rica y triunfar. Esto también se conoce como la nariz de ajo.

· Si las alas de la nariz son gruesas y llenas, indica que la persona será bendecida con dinero. No le será difícil reunir una gran cantidad de riqueza, ya sea con suerte, con trabajo duro o con ambas cosas.

Rasgos basados en el tamaño y la forma de la nariz de una persona

· **Nariz larga:** Las personas con nariz larga son muy responsables, cariñosas y curiosas. Quieren aprender nuevas habilidades y muestran un sentido práctico en sus planteamientos, pero les resulta difícil amar y transmitir sus ideas. Son bastante serios y a menudo se toman las cosas demasiado a pecho.

· **Nariz corta:** Las personas con nariz corta tienen una mente abierta y siempre están dispuestas a vivir nuevas aventuras. Son extremadamente flexibles y fiables. Aunque pueden tener dificultades para llevarse bien con los demás, se esfuerzan al máximo. Carecen de capacidad de planificación financiera y tienden a gastar compulsivamente, viviendo a menudo por encima de sus posibilidades.

· **Nariz puntiaguda:** La nariz puntiaguda se asocia de alguna manera con la feminidad. Es notable el fuerte poder intuitivo de estas personas. Suelen sentirse atraídos por la cultura y las artes, especialmente la música.

· **Nariz chata:** Las personas con nariz chata son leales, pacientes y trabajadoras. Hacen lo que sea para tener éxito y se esfuerzan al máximo para alcanzar sus objetivos tanto personales como profesionales.

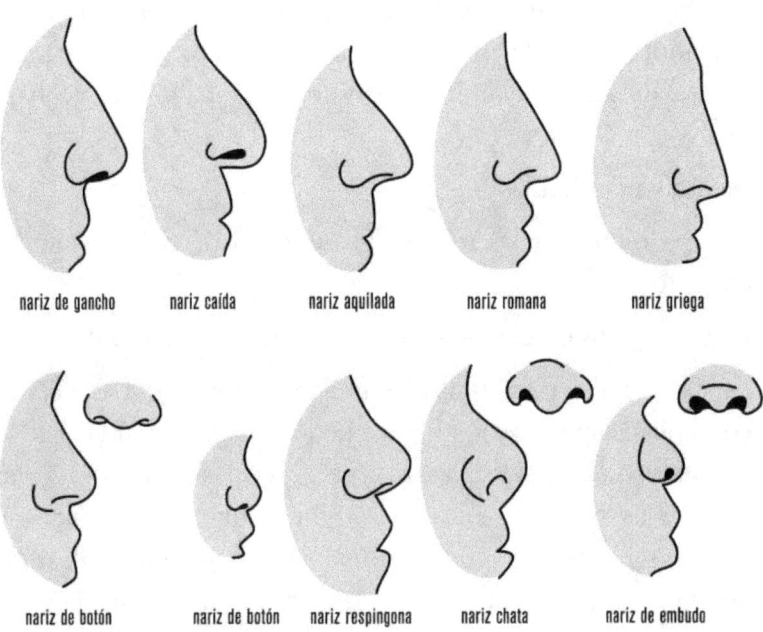

La lengua

La lengua como rasgo facial rara vez se tiene en cuenta en la lectura de rostros, ya que no siempre es obvia o se percibe de inmediato (a menos, por supuesto, que le pidas a la otra persona que saque la lengua para una lectura, lo cual no recomendamos). Dado que la lengua es una parte crucial de la lectura del rostro en varios estudios, aprender sobre ella puede ser muy beneficioso y servir de complemento a sus conocimientos.

La forma y la longitud de la lengua indican varios significados

· Si la lengua es corta, significa que la persona carece de disciplina y de impulso personal. Apenas pueden concentrarse en sus funciones y casi nunca son competitivos. También suelen carecer de ambición.

• Si la lengua es larga y gruesa, indica que la persona es capaz de aprender nuevos idiomas con facilidad. También son muy hábiles en la comunicación y la expresión personal.

• Si la lengua es larga y fina, significa que la persona es muy habladora y puede incomodar a los demás, ya que rara vez piensa antes de hablar. También tienden a balbucear y a hablar de los demás.

Mentón y mandíbulas

Como el mentón y las mandíbulas están conectados, a menudo se leen juntos.

Rasgos basados en el tamaño del mentón y la mandíbula

• **Mentón y mandíbula de tamaño pequeño:** Las personas con la barbilla y las mandíbulas pequeñas prefieren la calidad a la cantidad. Son sofisticados y prefieren las relaciones a largo plazo a las aventuras episódicas. Su enfoque de cualquier tema puede ser bastante convencional y "de manual". Al mismo tiempo, prefieren atenerse a sus raíces o tradiciones para determinar sus valores personales.

• **Mentón y mandíbula afilados o prominentes:** Una mandíbula afilada y cincelada se ve inmediatamente en el rostro. A estas personas les gusta mandar en casa y en el trabajo. Son conscientes de sus excepcionales cualidades de liderazgo, lo que les hace ser muy críticos y tener una opinión firme. Son intrínsecamente fuertes y les gusta mantenerse firmes. Si creen en algo con todo su corazón, se levantarán y lucharán por ello con uñas y dientes.

El pelo

El color y la textura del pelo también pueden revelar cosas sobre la persona. Los colores de pelo más comunes son el negro, el rubio, el castaño y el pelirrojo.

Rasgos basados en el color del pelo de una persona

· **Pelo negro:** Las personas con el pelo negro tienden a ser más tranquilas que sus homólogos. Si el pelo es liso, significa que la persona también es melancólica. Las personas con el pelo negro liso parecen emitir vibraciones negativas a su alrededor. Suelen ser pesimistas y cínicos en su visión de la vida, pero si tienen el pelo negro y rizado, pueden ser más alegres, cariñosos y afectuosos.

· **Pelo rubio:** Estas personas son las más curiosas de todas y tienen una memoria fenomenal. Aunque no son físicamente débiles, a veces lo parecen, pero en comparación con otros tipos de cabello, estas personas sí suelen ser físicamente débiles. Tienen un talento único para causar una buena impresión y pueden facilitar cualquier situación. Aunque no lo demuestren, suelen estar cohibidos. Por último, son obedientes y muestran su juventud a través de su carácter alegre.

· **Pelirrojo o rojizo:** Las personas pelirrojas pueden dar la impresión de estar enfadadas y escépticas, siempre dispuestas a discutir o iniciar una pelea. También son de mal genio, lo que hace que sean fáciles de provocar. Su fuerte energía física y su brutalidad pueden dar miedo, por lo que la mayoría de la gente tiende a evitar relacionarse con ellos.

· **Pelo castaño:** A los individuos de pelo castaño les gusta viajar y siempre se les ve en una aventura. Tienen personalidad y carácter, lo que les hace muy encantadores y atractivos. Pueden mezclarse fácilmente con los demás, pero pueden ofender a algunos por su franqueza o sus opiniones disidentes. Aunque son mayoritariamente liberales, pueden ser sorpresivos en ocasiones. Por último, son ávidamente románticos y apasionados en la cama.

Ejemplos

A continuación, echamos un vistazo a personalidades famosas para entender los Cinco Elementos de la lectura del rostro y sus rasgos aparentes:

1. Madera

Personalidades famosas: El ex primer ministro japonés Junichiro Koizumi y el expresidente estadounidense Barack Obama.

Atributos destacados basados en el elemento Madera: El tipo de rostro suele ser ovalado o un triángulo invertido con un perfil delgado y una estructura alta. La frente suele ser más ancha que la barbilla. En la mayoría de los casos, la frente es más ancha. Las personas con este elemento suelen encontrarse en posiciones de autoridad y poder, a menudo más altas que la mayoría de las entidades. Sus cuerpos no son carnosos y tienen extremidades largas. Están dotados de aptitudes literarias y de una gran inteligencia. Prefieren pensar y trabajar mentalmente más que físicamente.

2. Tierra

Personalidades famosas: El líder del movimiento independentista coreano de 1890, Kim Gu.

Atributos destacados basados en el elemento Tierra: La característica más común de estos individuos es un cuerpo grueso junto con una nariz grande y labios carnosos. La punta de la nariz, las alas y el puente son anchos y abultados. Estas personas son conocidas por su rostro en forma de diamante. Sus pómulos altos destacan entre otros rasgos, por lo que la frente y la barbilla parecen más estrechas que la parte central del rostro. Son respetados por su credibilidad y sus excelentes habilidades sociales. Uno de sus rasgos más valorados es que escuchan para entender, no para replicar o discutir. Por último, tienen una personalidad bastante relajada, lo que les hace accesibles y fáciles para hablar.

3. Agua

Personalidades famosas: El político surcoreano Ahn Cheol-soo y el famoso cantante surcoreano PSY.

Atributos destacados basados en el elemento Agua: Las personas con este elemento suelen tener una cara redonda con rasgos poco marcados. Su cuerpo es regordete. Aunque la mayoría tiene la frente estrecha, siempre hay excepciones. Los que tienen el elemento Tierra y la frente más ancha suelen estar por delante de los demás, especialmente como líderes reformistas y políticos de alto nivel.

4. Fuego

Personalidades famosas: La ex medallista de oro en levantamiento de peso femenino Jang Mi-ran, y el famoso animador coreano Kang Ho-dong.

Atributos destacados basados en el elemento Fuego: Al igual que la forma de una llama, estas personas suelen ser fogosas y alegres. Tienen un aura brillante y son extremadamente vibrantes, a diferencia de los del elemento madera. Aunque son alegres y vivaces la mayor parte del tiempo, se orientan más hacia el conservacionismo. Son muy fuertes y tienen una resistencia física y una flexibilidad impresionantes, lo que les convierte en distinguidos atletas. También se cree que están dotados de rápidos reflejos, un atributo crucial en cualquier deporte. Estas personas se sienten atraídas por categorías atléticas específicas como la halterofilia, las artes marciales o la lucha libre.

5. Metal

Personalidades famosas: El presidente de Hyundai Motor Group, Chung Mong-Koo, y el aclamado actor, ídolo del fitness y político Arnold Schwarzenegger.

Atributos destacados basados en el elemento Metal: Los rasgos más destacados en estas personas son una fuerte línea de la mandíbula y un rostro bien definido, que en su mayoría es cuadrado o rectangular. Además, su nariz y sus alas nasales destacan y son los rasgos más visibles de su rostro. Estas personas tienen una excelente capacidad de liderazgo y son conocidas por su integridad y rectitud. Son muy competitivos y les gusta dominar y ser los mejores. Son aptos para ser figuras públicas, políticos o empresarios de éxito.

Estos cinco elementos son tan prominentes en la historia china y en la medicina antigua que se consideran, hasta el día de hoy, una forma eficaz de evaluar la naturaleza interna de un paciente. De hecho, ciertos tipos de diagnósticos relacionados con los cinco elementos se siguen utilizando en la práctica moderna. Cuando un paciente sufría cambios internos debido a un problema de salud, los médicos chinos siempre se aseguraban de anotar cualquier cambio en sus atributos faciales. Esto allanó el camino para que la lectura del rostro se convirtiera en una parte integral del diagnóstico y la evaluación del paciente en la medicina china.

Como este enfoque es esencialmente holístico, se ajusta a los principios de la medicina china. El paciente es visto como un todo en lugar de dirigirse a partes específicas del cuerpo que sufren de dolores, molestias u otros malestares. Este enfoque considera el cuerpo, la mente y el espíritu del paciente para tratarlo y ayudarle a recuperar una salud óptima. Por último, estos cinco elementos ayudan a los médicos a determinar los atributos importantes que están en equilibrio y los que no. En conjunto, estas razones son suficientes para explicar la importancia de los cinco elementos de la lectura del rostro en la medicina china.

Al estudiar estos cinco elementos, podrá comprender mejor a las personas y su comportamiento. Aprenderá a conocerse a sí mismo, tanto en el ámbito privado como en el público, y a conocer mejor a los demás. Le ayudará a tratar con la gente de forma sensata y le dará suficiente tiempo de reacción antes de juzgar a una persona. Al fin y al cabo, todo el mundo es único y cada individuo posee un conjunto diferente de puntos fuertes y débiles.

Capítulo 4: Lectura del pasado, el presente y el futuro

El rostro de una persona puede analizarse para leer su pasado, presente y futuro. Se basa en la antigua técnica china de lectura de rostros que divide la vida humana en un ciclo de 99 a 100 años, desde el nacimiento de una persona hasta su muerte. Un rasgo facial específico representa cada año. En otras palabras, los 99 años de una persona, que es el ciclo de vida completo, están marcados en el rostro. Es fácil averiguar el pasado, el presente y el futuro de una persona si se detectan las señales de los años con sus rasgos faciales. En esta sección, analizaremos cada fase de la vida y su correspondiente rasgo facial.

Veamos estas etapas con respecto a los rasgos faciales que representan y lo que dicen de la persona.

1. 0 a 14 años

Representado por: Las orejas.

Las orejas representan la infancia de una persona, desde su nacimiento hasta los catorce años. Si las orejas son gruesas, carnosas y bien definidas, significa que la persona es o ha sido bendecida con un entorno de apoyo (familia, amigos) y una gran salud durante esa época. Mientras que la oreja izquierda designa la primera infancia de una persona, desde el nacimiento hasta los siete años, la oreja derecha representa su última infancia, desde los ocho hasta los catorce años. Para predecir el pasado de una persona durante estos años, observe la oreja respectiva. Si una tiene una cicatriz, una decoloración o tiene una forma diferente a la de la otra oreja, significa que ha tenido una vida difícil durante esa fase. Si ambas orejas están desproporcionadas o tienen cicatrices, lo más probable es que hayan tenido una infancia problemática.

2. 15 a 30 años

Representado por: La parte superior de la frente.

Para saber más sobre el pasado de una persona, hay que leer su frente, ya que dice mucho más de lo que pueden decir las orejas. La parte superior de la frente, también conocida como región celestial, dice mucho sobre el pasado de alguien. La infancia de una persona siempre está predestinada y nunca es el resultado del trabajo duro o del talento. En otras palabras, la fase de la infancia está escrita cuando una persona nace, y la soportará de la forma en que estaba destinada a ser. Por eso, la parte superior de la cara también se conoce como la región del Cielo, lo que indica que nuestros destinos de nacimiento y de infancia ya están predestinados.

Si la frente muestra cicatrices, marcas, decoloración o protuberancias, podría significar que la persona ha tenido una infancia difícil. La forma más fácil de predecir el pasado o la infancia de una persona es analizar el tono de la piel en esa zona. Si está apagada o tiene manchas, podría significar que tuvo problemas en la escuela, un mal expediente académico, incapacidad para hacer amigos o incluso mala salud. También podrían haber tenido problemas con sus familiares y hermanos. En cambio, una frente clara y lisa indica una infancia feliz y saludable. También fueron bendecidos con una familia comprensiva, una inmensa riqueza, propiedades ancestrales, ayuda y protección de sus mayores y un estilo de vida cómodo. De niños, son impulsivos, curiosos y están en el camino correcto para cumplir sus objetivos.

Si bien la fase entre los quince y los treinta años no se califica exactamente como infancia, explica la vida de la persona durante su adolescencia o juventud. Las edades comprendidas entre los quince y los diecinueve años, que son las de la adolescencia, se consideran infancia tardía, cuando las personas aún viven con sus padres, mientras que las de veinte a treinta años se consideran adultos jóvenes. Aunque su destino escrito sigue dictando sus circunstancias, pueden escribir su propio destino con dedicación, perseverancia y trabajo duro.

3. 31 a 40 años

Representado por: La frente, las cejas y los ojos.

Al igual que el tono de la piel de la parte superior de la frente revela la infancia y la juventud de una persona, el tono de la piel y el estado de toda la frente determinan la edad adulta y la carrera de la persona. Si la frente es clara, lisa y redonda, indica que la persona atraerá muchas oportunidades y disfrutará de un buen impulso en su carrera desde el principio. Con el tiempo, triunfarán antes que los demás. Por otro lado, un color de piel apagado indica que la persona puede tener que luchar o haber luchado para alcanzar el éxito. En algunos casos, puede que ni siquiera tengan éxito durante esta fase.

Paralelamente, las cejas se centran en la vida de una persona entre los treinta y uno y los treinta y cuatro años. Si las cejas están muy separadas o incluso unidas, esto representa la naturaleza poco tolerante de una persona. Son incapaces de perdonar fácilmente y no dejan pasar las cosas y pueden guardar rencor a la gente durante mucho tiempo. Si las cejas están ligeramente curvadas, bien definidas y firmes, significa que la persona es positiva y alegre. Gracias a ello, atraerá y entablará valiosas relaciones personales y profesionales. Si las cejas están muy separadas y son gruesas, la persona también puede acumular mucha riqueza en este periodo. También significa que la persona está destinada a vivir más tiempo.

Si las cejas son finas, apunta a la naturaleza introvertida de la persona. Son incapaces de hacer amigos con facilidad. Sin embargo, si hacen amigos, el vínculo es duradero. Eligen cuidadosamente a sus amigos, que se convierten en familia. Si se observa alguna forma de decoloración cerca de las cejas de la persona, podría significar que esta tendrá problemas en su carrera. Les resultará muy difícil cumplir sus objetivos laborales. Al mismo tiempo, también pueden tener problemas de salud. Por último, si las cejas están bien definidas y tienen una forma homogénea, esto indica que la persona tiene ganas de acumular riqueza; trabajará duro para alcanzar sus objetivos y hacerse rico.

Para determinar el pasado, el presente o el futuro de una persona entre los treinta y cinco y los cuarenta años, observe también sus ojos. Si la persona tiene ojos grandes y brillantes, tendrá fácilmente éxito en su carrera durante esos años. Por el contrario, si los ojos son pequeños, hundidos o profundos, podría presagiar un gran obstáculo en su carrera durante este periodo.

4. 41 a 50 años

Representado por: La nariz

La nariz representa la riqueza de una persona entre los cuarenta y uno y los cincuenta años de edad. Si la nariz es estilizada, recta y suave, significa que han sido bendecidos con buena suerte en cuanto a su situación financiera. Pueden acumular riqueza trabajando duro en sus primeros años o heredando propiedades ancestrales. Incluso si la persona no logró alcanzar sus objetivos o ganar dinero antes de los cuarenta y un años, esta década podría ser totalmente diferente y cambiarle la vida. Son bendecidos en términos de amasar riqueza, disfrutar de la vida y vivirla en sus propios términos. Este periodo de mediana edad es crucial para seguir progresando en su carrera y para empezar a preparar la jubilación. Estas personas también dedican suficiente tiempo a determinar sus opciones de vida y a planificar en consecuencia.

Por otro lado, si la nariz es pequeña, chata, hundida, significa que la persona puede tener dificultades para afrontar a su familia debido a las interminables discusiones y peleas. Para estas personas, los conflictos familiares son perpetuos, lo que también podría hacer naufragar sus relaciones.

5. 51 a 55 años

Representado por: El filtrum (la parte curvada entre la nariz y los labios superiores).

Si el filtrum es largo y claro, la persona ha sido bendecida con hijos, nietos y una familia feliz. Tiene o tendrá éxito en la crianza de una familia sana y plena. También serán bendecidos en sus últimos años de vida. De hecho, un filtrum claro y largo es tan valorado que a menudo se considera un signo de prosperidad. Sin embargo, si el filtrum es corto, estrecho o tiene cicatrices, puede indicar problemas para formar una familia. También significa que la persona puede no ser bendecida con muchos hijos y nietos. Un surco nasolabial poco profundo o con cicatrices suele considerarse poco propicio.

Dado que el filtrum es conocido como la región de la fertilidad y la energía, representa la suerte y la capacidad de una persona para tener hijos, junto con los recursos que tiene. También indica la longevidad de una persona. Si la persona tiene un filtrum corto, significa que podría morir pronto. En cambio, si tiene un filtrum largo, significa que vivirá más tiempo. Por último, si el surco nasolabial es plano, es posible que la persona no tenga hijos o que sufra una fuerza física débil y poca energía.

6. 56 a 57 años

Representado por: Pliegues nasolabiales.

Los pliegues nasolabiales son las líneas o pliegues que se extienden desde el lado de la nariz y bajan hasta las comisuras de la boca. Cuando una persona se ríe o sonríe, estas líneas se vuelven más prominentes. Mientras que el pliegue nasolabial izquierdo designa los cincuenta y seis años de una persona, el derecho representa sus cincuenta y siete años. Si los pliegues están bien definidos, son claros, profundos y se extienden hasta las comisuras de la boca en una posición inclinada hacia abajo, la persona posee una inmensa capacidad de liderazgo y autoridad. Esto les convierte en jefes competentes a esta edad. A la edad de cincuenta y siete años, la persona habrá adquirido suficientes conocimientos, riqueza y experiencia para dirigir una empresa, que es donde su suerte le ayuda a avanzar. Además, estas personas tienden a ser optimistas, alegres, brillantes y se ganan el respeto de los demás. Gozan de una salud óptima y son personas inspiradoras.

Si alguno de los pliegues nasolabiales se extiende más allá de las comisuras de la boca, significa que la persona puede sufrir problemas de salud, principalmente relacionados con la salud estomacal y digestiva. En algunos casos extremos, la persona también puede ser anoréxica, lo que podría dar lugar a una mala salud física. Además, si el surco nasolabial de una persona no está bien definido, podría significar que posee una débil capacidad de liderazgo, lo que podría dificultar que sea un gran líder.

7. 58 a 59 años

Representado por: Pómulos.

El pómulo izquierdo representa los cincuenta y ocho años de una persona, mientras que el derecho representa sus cincuenta y nueve años. Las personas con pómulos carnosos, regordetes y redondos son bendecidas con buena suerte y fortuna durante estos últimos años. Significa que la persona puede finalmente tener éxito en su carrera (dependiendo de su edad de jubilación) o prosperar. Si los pómulos son planos y brillantes, son bendecidos y recibirán protección de sus seres queridos. Por el contrario, unos pómulos apagados y hundidos pueden indicar el malestar de la persona y su incapacidad para sentirse en paz. Incluso si consiguen alcanzar sus objetivos y tener éxito, a menudo se dirigirán a enemigos malintencionados. Sus celos podrían destruir la carrera y el esfuerzo de una persona. Esto podría aumentar la sensación de malestar, haciendo que se estresen e inquieten demasiado.

Las mejillas de una persona también se conocen como su región del amor, que determina el amor por la vida de una persona y sus relaciones románticas. Si alguien tiene las mejillas redondas y regordetas, significa que profundizará en su relación, y que amará y admirará a su pareja. Si las mejillas son desiguales o bajas, entonces la persona puede estar involucrada en una aventura que podría terminar en una ruptura o divorcio. Las mejillas arrugadas también son desfavorables, ya que son un signo de infelicidad y de vejez descuidada.

8. 60 años

Representado por: La boca y los labios.

La boca y los labios de una persona le permiten comunicar ideas, emociones, sentimientos e información. Representan su madurez y muestran su proceso de pensamiento a los demás. Como la sabiduría y la madurez llegan con la edad, la boca es la única representante de los sesenta años de una persona. Si la boca y los labios son rosados, gruesos y apuntan hacia arriba cuando sonríen, significa que han sido bendecidos con una vida feliz y pacífica en esta etapa. Tendrá una familia cariñosa con miembros felices y sanos. También podría significar que la persona será bendecida con enormes beneficios al cerrar un negocio o heredar o vender su propiedad ancestral.

Una boca recta con las comisuras ligeramente dobladas también es favorable, ya que indica una ganancia importante, una familia alegre y paz mental en los sesenta años. Los labios finos y caídos no son favorables, ya que indican una vida social y unas relaciones familiares poco satisfactorias. También podría significar que la persona es siempre propensa a la tristeza y la depresión. Es posible que estas personas abusen debido a su mal carácter y a una perspectiva áspera y pesimista hacia la vida. Debido a esto, a menudo vivirán solos, sin su pareja o familia. Los demás pueden despreciar o temer acercarse a ellos.

9. 61 a 75 años

Representado por: La barbilla.

La barbilla se encuentra en la sección "Tierra" de la cara, que denota la vejez de la persona. El periodo comprendido entre los sesenta y uno y los setenta y cinco años se relaciona con la jubilación, el disfrute del tiempo libre y el disfrute de los preciosos momentos de la vida. Si una persona tiene un mentón redondo y prominente, significa que ha sido bendecida con felicidad y salud en sus años de jubilación. La forma de barbilla más favorecida es la redonda, regordeta y carnosa, ya que indica que la persona disfrutará de una vejez cómoda y sin preocupaciones. Recibirán el respeto de su entorno, el amor de su cónyuge y la protección de sus hijos.

Por otro lado, una persona con un mentón corto, carnoso o puntiagudo tendrá muy probablemente mala suerte en su vejez. Los que tengan cicatrices, marcas o decoloración en esta zona serán infelices y se sentirán solos debido a la ausencia de amigos valiosos o de su cónyuge. Del mismo modo, si la pequeña área alrededor de su barbilla está descolorida, matizada u oscura, también podría ser un signo de soledad y de la ausencia de su cónyuge e hijos. En el peor de los casos, la persona puede sucumbir debido a una intoxicación alimentaria, ahogamiento o enfermedades transmitidas por el agua. Sobra decir que esas no son las formas más venerables para el final de una vida.

Enfoque práctico

Esta sección explorará los puntos de la cara y ayudará al lector a entender cómo leer un punto para determinar el pasado, el presente y el futuro del sujeto en función de su edad.

Como ya se sabe, la parte superior de la cara y las orejas representan la infancia y los primeros años, hasta llegar a la primera juventud. A medida que envejece, los puntos de edad de su cara se mueven hacia abajo y llegan a la parte inferior, que es cuando se vuelve viejo. Consultando este diagrama, se pueden identificar fácilmente los rasgos faciales relacionados con la edad actual.

Si el punto de la edad se encuentra en el lado izquierdo, significa que usted pasa la mayor parte de su tiempo preocupándose por su carrera y su trabajo. Por el contrario, si el punto de la edad se encuentra en el centro, significa que se encuentra en una encrucijada crítica. Además, si observa alguna decoloración o marca en esta zona, significa que podría enfrentarse a desafíos pronto. Lo mejor de este ejercicio es que se dará cuenta de un problema de antemano, para el que puede prepararse y estar prevenido. Sin embargo, tanto si se trata de relaciones, como de la carrera o la salud, el tipo de problema siempre es incierto. Para ello, consulte las otras formas y técnicas para leer un rostro, que explicaremos más adelante.

Pongamos un ejemplo práctico para entenderlo de forma más clara. Una marca de nacimiento o un lunar en cualquier oreja indica que puede haber tenido problemas durante su infancia. A continuación, eche un vistazo a su frente. ¿Parece defectuosa en cuanto a su forma, tamaño y color? Si la respuesta es afirmativa, preste atención a sus padres, ya que puede ser señal de un grave problema de salud o de relación con ellos. Por otro lado, también podría significar que usted poseía una naturaleza rebelde cuando era adolescente. Si ese es el caso, la relación con sus padres debería ser segura. Si en su infancia y adolescencia fue objeto de muchos mimos, es posible que tenga la frente ancha o ensanchada.

A medida que envejece, si nota que ciertos lunares y marcas de la cara desaparecen o cambian con el tiempo, significa que su destino puede cambiar o que, de hecho, ha cambiado. No todo está escrito en piedra, y las cosas pueden evolucionar espontáneamente. Esto puede deberse a su propia suerte o a su continuo trabajo y esfuerzo. Además, si ha hecho buenas acciones o posee un alma pura, su suerte terrestre puede mezclarse con un aura positiva para influir y cambiar su suerte celestial.

Capítulo 5: La lectura del rostro en acción

Esta sección incluye diferentes estudios de casos de rostros, con los correspondientes diagramas para su ilustración. Se familiarizará con una amplia gama de rostros con diferentes rasgos o características que se analizan a lo largo del libro. Además, este capítulo incluye formas de leer grandes signos faciales y rasgos individuales y de mirar la cara de una persona para indagar en su pasado, presente y futuro. Por último, también conocerá los rasgos de carácter de una persona, junto con su salud, riqueza, hijos y relaciones en el presente y el futuro.

Lectura de lunares, líneas y arrugas

Dado que las líneas, las arrugas y los lunares del rostro representan la suerte de una persona, es necesario conocer la ubicación, el tamaño y el color de estos elementos para conocer su destino.

Lectura de lunares

Los lunares son manchas oscuras o claras en la cara que varían en tamaño, color y ubicación. Algunos también contienen pelo, una especificidad de la que hablaremos más adelante. En primer lugar, veamos cómo el color, el tamaño y la ubicación de los lunares afectan o indican el destino de una persona.

Color y forma: Los lunares redondos, que además son abultados, se consideran los más favorables. El lunar debe ser brillante con un tono rojo oscuro o negro. Estos colores eran los más notables en los antiguos emperadores chinos, que solían ser considerados los más afortunados. Sin embargo, hay que tener cuidado con los lunares negros en algunas zonas de la cara, ya que podría significar lo contrario. Aunque se tenga un lunar negro, este debe estar oculto y no ser prominente en la cara. Por otro lado, los lunares rojos deben ser claramente visibles. Los lunares de color amarillo, marrón o gris suelen considerarse poco propicios.

Pelo en los lunares: Aunque los lunares peludos son despreciados por su aspecto antiestético, desde el punto de vista científico son menos propensos a provocar cáncer. Según la antigua lectura del rostro en China, los lunares peludos significan buena suerte y longevidad. La persona es bendecida con abundante riqueza y éxito. Tendrá una vida tranquila, recibirá ayuda y apoyo de los demás y disfrutará de una prosperidad constante. Los lunares peludos también se conocen como lunares "terratenientes", ya que el portador suele ser rico y respetado en la sociedad. Si usted es un hombre con un lunar peludo, no caiga en la tentación de recortar el pelo, ya que podría revertir estos efectos deseables. Sin embargo, las mujeres con lunares peludos pueden cortar el pelo que es visible en la superficie.

Los lunares en la cara de los hombres y las mujeres tienen diferentes significados y tienen distintas denominaciones de lugar. Veamos con más detalle las diferentes ubicaciones de los lunares en la cara de un hombre y de una mujer y comparemos los resultados.

La frente

En los hombres: Los lunares en la parte superior de la frente indican la relación de un hombre con su familia. Aunque el punto concreto de la frente es importante para las predicciones, también hay que tener en cuenta el color del lunar. Si es rojo, el hombre tiene más probabilidades de destacar en su carrera y de fortalecer sus relaciones. Por el contrario, si el lunar es de color negro, podría significar que la persona es segura de sí misma, pero le falta capacidad para cooperar con sus subordinados. Además, cuando se trata de obtener beneficios, puede traicionar a sus amigos.

En las mujeres: Los lunares en la frente de una mujer representan su suerte y la relación con su familia y su pareja. Mientras que ciertas manchas implican un mal matrimonio o mala suerte con su pareja sentimental, otras manchas pueden indicar una amenaza de parto.

Cejas, ojos, mejillas y nariz

En los hombres: Los principales lunares de carrera en un hombre son las mejillas y las cejas. Se prefieren los lunares rojos a los negros porque se sabe que los primeros representan una carrera exitosa. Los hombres serán financieramente independientes y capaces de gastar sin ninguna preocupación. Mientras que algunos lunares alrededor de las cejas indican maldad y crueldad en un hombre, otros indican que son de mala suerte para sus parejas, hijos y familia.

En las mujeres: El Equilibrio Patrimonial, que es la zona entre las cejas y los ojos, no debe llevar un lunar, ya que podría indicar una mala relación a largo plazo. También significa que la mujer puede tener problemas en su matrimonio. Aunque se cree que conceden buena suerte a sus maridos, pueden sufrir debido a las aventuras extramatrimoniales de su pareja.

Mentón y mandíbula

En los hombres: Los lunares en el labio superior son siempre signos prometedores. Si se detecta un lunar en la barbilla de un hombre, hay que tener en cuenta estructuras importantes como la casa, sus cimientos y el terreno. Si el lunar es prominente en esta zona, el hombre se meterá en un negocio inmobiliario para comprar una propiedad o un terreno. También significa que el hombre tiene buenos gustos y prefiere las cosas más finas de la vida.

En las mujeres: Al igual que los hombres, las mujeres también tienen suerte cuando tienen un lunar en el labio superior o en la barbilla. Sin embargo, algunas manchas en esta región se consideran más graves en comparación con otras. En ese caso, la mujer puede sufrir graves problemas de salud, principalmente relacionados con la ginecología, o a veces el acoso de sus compañeros o de su pareja.

Lunares de la suerte y lunares de la mala suerte: Como ya sabe, algunos lunares se consideran de la suerte, mientras que otros no lo son. Entonces, ¿cómo se puede distinguir entre ambos? Echemos un vistazo a las manchas individuales de la cara y consideremos la presencia de lunares en ellas:

Lunares en la frente

Un lunar en la frente se considera en gran medida desfavorable. Si se sitúa justo en el centro de la frente, podría significar que la persona sufre o probablemente sufrirá reveses en su carrera. Esto se debe principalmente a la falta de cooperación con sus colegas o al hecho de tener que lidiar con un jefe desagradable y represivo.

Lunares en las pestañas

Un lunar en las pestañas es una mala señal. Aunque apenas se noten, los lunares prominentes indican la seriedad de la vida de una persona. Notar un lunar en esta zona insinúa que la persona puede sufrir en su relación a largo plazo o en su vida matrimonial. Además, significa que la persona puede ser impopular o poco atractiva para el sexo opuesto, lo que podría dificultar aún más la búsqueda de pareja. Para las mujeres, un lunar en las pestañas podría significar problemas de salud más graves, especialmente los relacionados con la ginecología. Los hombres con lunares en las pestañas también son propensos a sufrir problemas de salud, especialmente en los riñones.

Lunares en la línea del cabello

Un lunar en la línea del cabello se considera auspicioso. Para ello, el lunar debe estar oculto bajo el cabello. De hecho, cuanto menos aparente sea, mejor será su suerte. Además, el lunar debe ser negro y brillante en lugar de claro y opaco.

Lunares en las cejas

Un lunar en una de las cejas también se considera auspicioso. Aunque puede que no sean claramente visibles en las cejas gruesas o tupidas, se pueden distinguir fácilmente bajo las cejas finas. Si tiene un lunar en una de las cejas, lo más probable es que sea muy inteligente y un excelente estudiante. Suele sacar buenas calificaciones la mayor parte del tiempo. Es posible que se incline más por la literatura y tenga objetivos educativos ambiciosos, como graduarse con honores o en una universidad de la Ivy League. Los hombres con lunares en las cejas tienen más suerte que las mujeres, ya que poseen más capacidad de liderazgo y tienden a ser más cooperativos. Se llevan bien con sus subordinados y consiguen destacar en su vida profesional.

Lunares en la zona blanca del ojo

Es un fenómeno poco frecuente, pero algunas personas tienen lunares claros en la parte blanca del ojo. Encontrar un lunar allí suele considerarse poco propicio. Aunque estas personas son más afortunadas en otras áreas de su vida, pueden sufrir mucho cuando se trata de la participación romántica y las relaciones a largo plazo. Son muy leales y fieles, pero su relación suele acabar en ruptura o divorcio a pesar de estos admirables rasgos.

Lunares en y alrededor de la nariz

Un lunar en las alas, el puente y la punta de la nariz también se considera auspicioso. Dado que la nariz representa la riqueza y el estatus financiero de una persona, podría predecir una pérdida financiera importante. Esto va dirigido específicamente a las personas con lunares en el puente de la nariz que sufrirían una pérdida monetaria inesperada en su mediana edad. Además, un lunar en esta zona podría significar que la persona puede sufrir problemas de salud que afectan a los pulmones y al sistema respiratorio. Los lunares en las alas de la nariz también son muy desfavorables. Un lunar en el ala izquierda de la nariz es desfavorable para los hombres, mientras que un lunar en el lado derecho es desfavorable para las mujeres. Mientras que los caballeros con un lunar en el ala izquierda pueden ser incapaces de tomar decisiones financieras adecuadas, ahorrar dinero resultará difícil para las damas con un lunar en el ala derecha, llevando a ambos géneros a las dificultades. Por último, un lunar en la punta de la nariz significa que una persona toma malas decisiones o se deja llevar por malos hábitos que podrían hacer fracasar una relación o un matrimonio a largo plazo, o suponer una amenaza para su carrera profesional.

Lunares en los lóbulos de las orejas

Un lunar en el lóbulo de la oreja se considera muy auspicioso. Como los lóbulos de las orejas representan la suerte de una persona, los lunares en esta zona traen aún más fortuna. Estas personas no solo son amables, cálidas y generosas, sino que también han sido bendecidas con una larga vida y una situación financiera estable. Aparte del lóbulo de la oreja, también se considera afortunado tener un lunar en el hélix o en el interior de la oreja; mientras que el primero está relacionado con la buena educación y la alta inteligencia, el segundo promete una vida larga y próspera.

Lunares en las mejillas

Un lunar en las mejillas también es un signo auspicioso, especialmente para aquellos que tienen su carrera en alta estima. Un lunar en la mejilla indica que son muy cooperativos con sus subordinados y que son ejemplares en su trabajo. Como también son emprendedores, un ascenso o un aumento de sueldo puede llegarles antes que a nadie. Un lunar en la mejilla trae suerte a los hombres que se toman en serio su desarrollo profesional. Trabajan duro, están muy motivados y poseen una notable capacidad de liderazgo. También son guapos, respetados y populares entre sus compañeros. En el lado negativo, pueden padecer una mala capacidad de gestión o tener una vida amorosa problemática.

Lunares en los labios y alrededor de la boca

Si una persona alberga un lunar en el labio superior o en las comisuras de la boca, se considera que tiene mucha suerte. Un lunar cerca de la comisura del labio inferior sugiere que la persona puede tener gustos ricos en comida. Les gusta cocinar, comer comidas gourmet y tienen una inclinación por las cosas más finas de la vida. A pesar de su aparente materialismo, su gusto por la ropa, los coches y otros artículos de estilo de vida es digno de elogio. Un lunar en el labio superior, si es brillante y negro, indica que la persona disfrutará de una vida de placer y lujo. Suelen inclinarse por la opulencia y las experiencias de primera clase, como las cenas y las catas de vino.

Lunares en la mitad de la barbilla

Mientras que un lunar en la barbilla se considera generalmente afortunado, una mancha de color justo en el centro de la barbilla puede ser problemática. Significa que la persona puede tener que soportar constantes cambios en su vida, lo que hace que le resulte bastante difícil adaptarse. Además, como tienden a precipitarse en sus decisiones, esto solo empeora su situación. Puede resultarles difícil mudarse a una nueva ciudad o trasladarse, solos o con su familia. Un lunar en esta zona también indica problemas de salud, principalmente relacionados con el corazón y el sistema cardiovascular.

Líneas de lectura y arrugas

Las líneas y arrugas de la cara de una persona indican cosas diferentes. Exploremos los diferentes puntos de las arrugas y líneas de la cara y averigüemos qué dicen de una persona.

La frente

Si una persona tiene varias líneas y arrugas en la frente, significa que ha soportado una vida dura con pocas ganancias y muchas luchas. También sugiere que la persona ha tenido una infancia dura, sin amor ni apoyo, con poca educación e infelicidad. Una frente con tres líneas o menos se considera la más favorable en la lectura del rostro. Si una persona empieza a desarrollar líneas en la frente a una edad temprana, podría indicar que se avecinan tiempos difíciles en la mediana edad o un fracaso matrimonial en el caso de las mujeres. Sin embargo, en el caso de algunos hombres, también podría sugerir que comenzarán su carrera laboral antes de tiempo. Las arrugas de la frente deberían aparecer siempre a partir de los treinta y cinco años en el caso de las mujeres y de los cuarenta en el de los hombres.

El Entrecejo

También conocido como ophryon, esta región del entrecejo indica la suerte de una persona en función de su carrera y su riqueza. Los que tienen arrugas en el entrecejo suelen ser impacientes y no pueden tolerar sus propios actos. Al mismo tiempo, están demasiado estresados por su carrera. Las mujeres con arrugas en el entrecejo suelen buscar una vida emocional estable, mientras que los hombres quieren poseer todo lo que puedan gracias a su duro trabajo. Sin embargo, los hombres con arrugas en esta zona no tienen problemas con las mujeres y suelen ser buscados por ellas.

Patas de gallo

Las patas de gallo son líneas que se forman alrededor de la región más externa de los ojos, un fenómeno que se produce de forma natural con la edad. Estas líneas forman parte de un grupo y se hacen más visibles cuando la persona sonríe o ríe. Como esta región también está relacionada con la Casa del Matrimonio mencionada anteriormente, representa la vida matrimonial de una persona y su suerte con las relaciones a largo plazo. Los hombres que desarrollan las patas de gallo a una edad temprana son incapaces de mantener su vida matrimonial y a menudo fracasan en ella. Las mujeres con patas de gallo son en cierto modo más despreciativas y suelen ser víctimas de abusos en el matrimonio. Los que tienen líneas verticales en las esquinas exteriores de los ojos también son propensos a tener problemas matrimoniales.

Arrugas debajo de los ojos

Este lugar es el Palacio de los Niños. Representa la moral, las buenas acciones y los méritos de una persona a lo largo de su vida. Si la zona de la ojera tiene más de dos conjuntos de líneas claras, brillantes y bien definidas, indica que alguien ha hecho bien por los demás. Debido a esto, estos individuos son bendecidos y suelen ser muy apreciados por los demás. También tienen suerte en cuanto a la descendencia y tienen una larga vida. Sin embargo, si la zona de la ojera está sin arrugas, hundida o negra, significa que la persona estuvo involucrada en malas acciones y podría tener mala suerte a la hora de tener y criar hijos sanos.

Arrugas de conejo

Situadas en el punto de partida de la nariz (la cresta entre los ojos), las arrugas de conejo representan la salud física y mental de una persona. Si una persona padece una mala salud digestiva o está sometida a un estrés constante, sus arrugas de conejo serán más prominentes. Son muy trabajadoras, extremadamente competentes y no tendrán problemas para ascender en el trabajo. Por otro lado, tener demasiadas arrugas de conejo sugiere que la persona sufrirá un fracaso matrimonial. En este caso, uno de los miembros de la pareja suele ser emocional o sexualmente inactivo. Tampoco muestran su amor y apoyo a sus madres, con las que carecen de una profunda conexión emocional.

Arrugas en el puente de la nariz

Si una persona tiene demasiadas líneas en el puente de la nariz, es posible que sufra de migrañas recurrentes. Se esfuerzan mucho, lo que provoca dolores constantes en esa región. Las líneas en el puente de la nariz pueden ser un montón de arrugas horizontales o manifestarse en forma de cruz. En el primer caso, las personas pueden notar un cambio en su situación. Si las líneas son demasiado prominentes, pueden notar cambios significativos o que alteran su vida. Por último, una cruz en esa zona indica buena salud y un sistema inmunitario fuerte.

Arrugas en la nariz

Representan la riqueza y la prosperidad de una persona. Si las líneas de esta zona se apilan verticalmente, podría indicar la incapacidad de la persona para manejar adecuadamente los asuntos de dinero. Además, las personas con este rasgo buscan constantemente nuevas formas de ganar dinero. Si la nariz es pequeña y muestra arrugas, podría significar que la persona carece de ambición y no está dispuesta a construir una carrera sólida. A pesar del trabajo duro y de los grandes esfuerzos, a menudo no consiguen alcanzar sus objetivos. Cualquier forma de arrugas en la nariz de una persona representa su capacidad de gestión del dinero y su ambición profesional (o la falta de ella).

Arrugas en los pómulos

Las líneas en los pómulos representan la capacidad de trabajo y comunicación de una persona. Cualquier tipo de arrugas en las mejillas, verticales, horizontales o mixtas, son una señal de advertencia que indica que la persona es consciente de sus acciones, palabras y actos. Independientemente de lo insignificante que pueda parecer, un lapsus linguae puede provocar problemas con sus amigos, familiares o compañeros. Si no mantienen un perfil bajo, podrían perder su posición, estatus o poder. Así que, aunque las líneas de expresión aún no sean visibles en sus pómulos, vigile el crecimiento de las líneas y arrugas en esa región en particular. Si observa líneas en la parte exterior de los pómulos, esto indica que tendrá que trabajar el doble para alcanzar sus objetivos.

Líneas de las mejillas o líneas de la risa

Como ya sabe, las líneas que comienzan en las aletas de la nariz y se extienden hasta las comisuras de la boca se conocen como líneas de la risa. Estas líneas, que también se denominan líneas de las mejillas, líneas nasolabiales o líneas Fa Ling, se representan como el Palacio del Asistente y son claramente visibles cuando una persona sonríe, hace una mueca o se ríe. Representan el orden, el poder y la coordinación de una persona. Indican si la persona puede cooperar con los demás y trabajar de forma productiva y en armonía. Si una persona tiene líneas de la risa prominentes, claras y hermosas, es una señal de que ha sido bendecida con buena fortuna y una trayectoria profesional deseable. Por el contrario, las líneas de la risa discontinuas o poco claras que muestran lunares o cicatrices son muy desfavorables.

Arrugas en la comisura de la boca

Las arrugas o líneas en las comisuras de los labios son un mal presagio, ya que indican soledad, trabajo duro sin ganancias y, a veces, incluso pérdidas financieras. Aunque el portador consigue atraer el éxito y alcanzar sus objetivos, puede sufrir pérdidas inesperadas en el camino. Además, a pesar de haber sido bendecido con una larga vida, esta no siempre es favorable. Pueden encontrarse viviendo solos durante su vejez, tener mala suerte o enfrentarse a la indiferencia de su entorno. No son respetados ni valorados en su vejez, lo que puede ser desmoralizador y desgarrador. Ahora bien, si estas líneas son diminutas o están acortadas, debe prestar atención a su salud digestiva, ya que suele ser un indicio de problemas estomacales. Si las líneas se extienden hacia abajo desde la esquina izquierda de la boca, significa que la persona puede padecer dolencias del hígado o de la vesícula biliar. Unas líneas similares en el lado derecho indican problemas con el bazo.

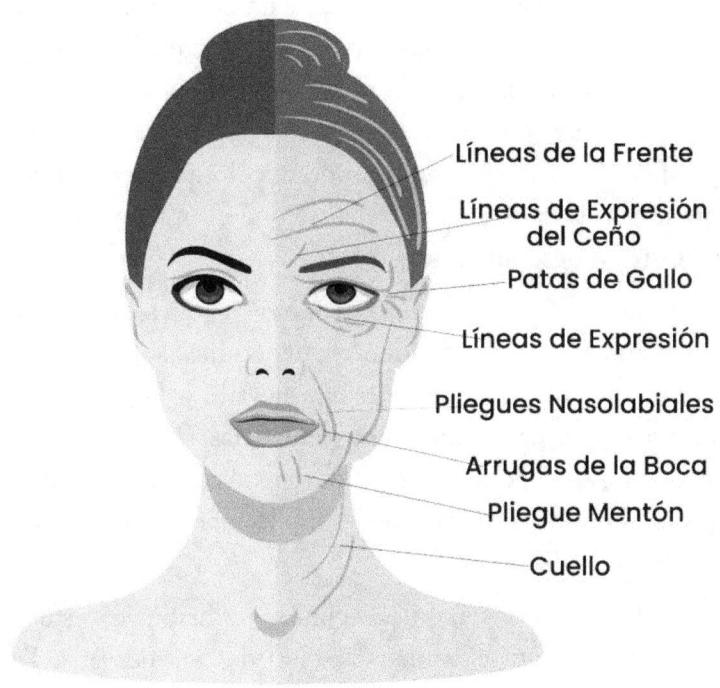

Lectura de la salud

Como ya sabe, los rasgos faciales pueden utilizarse para analizar la salud de una persona. Cuando se enfrenta a ciertos problemas de salud, su rostro actúa como un mapa que puede revelar síntomas preocupantes. Por ejemplo, cuando se padece ictericia, los ojos se vuelven amarillentos, lo que es un claro indicio de que algo va mal en el cuerpo. Del mismo modo, aunque sean inofensivos, los lunares suelen indicar posibles peligros para la salud en el futuro. Si nota un lunar en su cuerpo, examínelo cuidadosamente. Si tiene un aspecto asimétrico, incluso irregular, y parece estar creciendo, podría ser la manifestación de un problema de salud subyacente.

Lo mismo ocurre con otros rasgos visibles como cicatrices, bultos, vello facial excesivo o piel pálida. Aunque estos signos indican su estado de salud actual, también se pueden utilizar técnicas de mapeo y lectura del rostro para determinar el estado de salud de una persona en el pasado y en el futuro. Estas técnicas de lectura se utilizaban ampliamente en la antigua China con fines de diagnóstico y evaluación. Como se explicó en uno de los capítulos anteriores, cada punto de la cara está relacionado con un órgano específico. Si aparece algún tipo de decoloración, cicatrices, marcas o granos en la cara, es una señal de que el órgano en cuestión está bajo estrés o desequilibrado.

Aunque no existen pruebas concretas, respaldadas científicamente, que respalden el mapeo facial para la salud, siglos de observación e investigación han llevado a la gente a respuestas específicas que cimentaron estas creencias. También creen que la energía qi (o el flujo de energía) es responsable de la vitalidad de los órganos internos. Es invisible a simple vista, pero discurre por vías internas definidas.

En el pasado, los médicos chinos tradicionales estudiaban los rasgos faciales para examinar la salud de una persona. De hecho, usted puede conocer los puntos vitales de salud y los rasgos de su rostro y realizar un autoanálisis. De este modo, podrá saber si sus órganos están sanos con solo contemplarse en el espejo.

Veamos ahora los puntos y rasgos del rostro que nos ayudan a determinar el estado de salud de una persona.

1. La frente

Vinculado a: El estómago y el sistema digestivo.

Si nota alguna marca, cicatriz o decoloración en la frente, indica un problema de salud estomacal o digestiva. Estas marcas o cicatrices se asocian tradicionalmente con afecciones como el síndrome del intestino irritable y el estreñimiento. Si observa algo en la parte superior de la frente, suele deberse a la incapacidad de su cuerpo para descomponer los alimentos y a la liberación de toxinas dañinas. La mejor manera de remediarlo es desintoxicando el cuerpo con una dieta rica en antioxidantes, que incluya frutas y verduras nutritivas. Las enzimas digestivas y las hierbas amargas también funcionan.

La parte inferior de la frente suele estar relacionada con el espíritu y la mente, lo que significa que cualquier imperfección en esta región puede deberse a problemas de salud mental. Si su patrón de sueño es irregular y siempre está bajo estrés, puede notar acné, marcas o decoloración en la parte inferior de la frente. Dormir adecuadamente es necesario para reducir las marcas y los brotes y limitar el estrés, aumentar la productividad y mantenerse con energía durante el día. Asegúrese de descansar al menos entre siete y ocho horas por noche para lograr un bienestar óptimo. Aparte de esto, practique la meditación y lleve un diario para mantener su salud mental equilibrada y en plena forma. Enumerar tres cosas por las que se siente agradecido al final del día le permitirá liberar el estrés, sentirse feliz y ganar paz interior. En definitiva, haga todo lo posible por mantener su salud mental, ya que podría afectar negativamente a su rostro y a su piel.

Las técnicas tradicionales chinas de mapeo facial, combinadas con estudios y observaciones dermatológicas actuales, se utilizan para determinar el cuidado de la salud y para diagnosticar y tratar problemas comunes de salud y de la piel. Este enfoque fue lanzado por primera vez por la marca estadounidense Dermalogica, que luego se extendió ampliamente en la industria cosmética y dermatológica.

Percepción moderna del mapeo facial: La frente se divide en las zonas 1 y 3. Hoy en día, los profesionales del mapeo facial creen que los signos y marcas en la frente están causados principalmente por prácticas dietéticas perjudiciales (demasiada grasa, azúcar y sal). Sin embargo, no hay pruebas concretas ni estudios serios que respalden esta afirmación. Otro motivo de los brotes, que está indirectamente relacionado con la salud, es la falta de higiene. Por ejemplo, si alguien no es demasiado cuidadoso a la hora de desmaquillarse o de aclarar el champú, puede provocar congestión y obstruir los poros. Esto suele dar lugar a la aparición de acné, que da nombre a la moderna problemática del "acné cosmético".

El mapeo facial del acné es una de las formas más efectivas de enfocar los puntos desencadenantes y evaluar los problemas de salud específicos. Para ello, se examinan y estudian estos puntos de brote de acné en determinadas regiones y se prescriben los tratamientos adecuados. Así es como la mayoría de los profesionales modernos de la lectura facial diagnostican los problemas de salud. Con este método, no solo tratará sus órganos internos y estará más sano, sino que también podrá prevenir los brotes de acné y reponer su piel.

2. Las sienes

Vinculado a: Vejiga y riñones.

Las sienes son las zonas entre la frente y las orejas a cada lado de la cara. Cualquier problema con los riñones o la vejiga puede manifestarse en forma de acné, forúnculos, inflamación o infección en las sienes. Además, si a su cuerpo le resulta difícil hacer la digestión o está reaccionando a un nuevo tratamiento médico, a menudo se manifiesta en la región de la sien.

Percepción del mapeo facial moderno: Si las sienes de una persona aparecen enrojecidas o muestran algún tipo de decoloración, podría ser un signo de alergias o irritación de la piel. Los productos de maquillaje de baja calidad, así como su aplicación y retirada, son otras causas comunes.

Mapeo facial para el acné: La región alrededor de las sienes puede mostrar un crecimiento excesivo de vello si no se controla. Aparte de la acumulación de acné resultante de los problemas de la vejiga y los riñones, la razón principal suele ser la eliminación inadecuada del maquillaje y el champú. El acné cosmético es un término que se utiliza para describir los brotes de acné causados por productos capilares y cosméticos.

3. Las orejas

Vinculado a: Los riñones.

Aunque la simetría, la proporción y la ubicación de las orejas son importantes a la hora de leer el rostro, a menudo se comprueba si hay marcas o cualquier forma de decoloración para evaluar el estado de salud de una persona. Si las orejas de una persona muestran algún tipo de decoloración, podría significar un problema con los riñones.

Percepción del mapeo facial moderno: Las orejas se dividen en las zonas 4 y 10. En el mapeo facial moderno, las orejas que están rojas o calientes son un signo importante de que los riñones no están sanos. La persona debe beber mucha agua para mantenerse hidratada. Al mismo tiempo, debe evitar el consumo de alcohol o cafeína. Reducir el consumo de sal también puede ser beneficioso. Un desmaquillado inadecuado puede causar poros obstruidos y acné en la frente y las mejillas. Las orejas pueden sufrir molestias o enrojecimiento debido a las conversaciones telefónicas excesivas, el uso de auriculares o las joyas pesadas.

4. Los ojos (sobre todo debajo de los ojos)

Vinculado a: Desequilibrio en los fluidos corporales.

En caso de deshidratación, estrés crónico o ansiedad, su cuerpo empezará a mostrar hinchazón, bolsas o decoloración bajo los ojos. Esto puede tratarse fácilmente bebiendo más agua y equilibrando los fluidos corporales. Consuma zumos de frutas y bebidas energéticas bajas en azúcar para ajustar también los niveles de minerales. Para reducir las ojeras y la hinchazón, utilice cremas para los ojos o aplique rodajas de pepino. Además, pruebe a meditar para evacuar el estrés innecesario y relajarse. De nuevo, el sueño de calidad es crucial.

Percepción del mapeo facial moderno: Los ojos se dividen en las zonas 6 y 8. Además de un desequilibrio en los fluidos corporales, se cree que los ojos también reflejan la salud de los riñones de una persona. Además de la deshidratación, que también es la principal causa de las bolsas y ojeras, la mala circulación linfática y ciertas alergias también son razones plausibles.

5. Las cejas

Vinculado a: Hígado.

Dado que el hígado es el responsable del proceso de desintoxicación del organismo, es necesario mantenerlo sano. La desintoxicación ayuda a eliminar del cuerpo las toxinas y los radicales libres dañinos que, de otro modo, podrían ser una amenaza para la salud. Estos también tienden a aumentar el peso del cuerpo y deben ser eliminados. En caso de que su hígado no esté sano, esto se manifestará como acné o marcas en el entrecejo. La desintoxicación es también una forma de deshacerse de las emociones negativas y de equilibrar la salud mental. La mejor manera de mantener el hígado sano es consumir superalimentos ricos en antioxidantes, como los arándanos, el té verde y la col rizada. Además, manténgase alejado del alcohol. Medite, tómese un tiempo libre y dedíquese a sus aficiones favoritas para optimizar su salud mental.

Percepción del mapeo facial moderno: Las cejas se dividen en la zona 2. Los médicos modernos creen que los brotes excesivos de acné pueden ser una causa de la intolerancia a la lactosa. De nuevo, el principal culpable es una dieta mala o inadecuada. Al consumir en exceso alimentos fritos, aceitosos y poco saludables, el hígado se ve abrumado y es incapaz de cumplir sus funciones de desintoxicación. Por ello, la mejor y más sencilla manera de mantener el hígado sano es adoptar una dieta equilibrada compuesta por nutrientes de calidad, como proteínas, vitaminas y minerales, entre otros. Reducir los alimentos ultraprocesados y calóricos también puede ayudar a restablecer la salud de su hígado.

Mapeo facial para el acné: El acné localizado en las cejas o en el entrecejo suele deberse a una mala elección de la dieta y al consumo excesivo de alimentos grasos, aceitosos y procesados. Así que, como se ha mencionado anteriormente, si desea que esta región esté libre de acné, limite su consumo de alcohol y enfóquese en un estilo de vida más saludable y sostenible.

6. Las mejillas

Vinculado a: Sistema respiratorio, bazo y estómago.

Un tono de piel uniforme en las mejillas significa que su sistema respiratorio está en buena forma. El enrojecimiento, o cualquier otra forma de decoloración en esta zona, es desfavorable, ya que sugiere un problema en el estómago, principalmente una inflamación. Además, si observa la aparición de brotes repentinos en las mejillas o de una sinusitis (una cavidad anormal causada por un tejido interno destruido). Esto podría ser el signo de una alergia que afecta a su sistema respiratorio, estómago o bazo.

Percepción del mapeo facial moderno: Las mejillas se dividen en Zona 5 y Zona 9. Hoy en día, se cree que la principal causa de los problemas respiratorios son las malas elecciones de estilo de vida, como fumar o vaporizar. Esto puede causar hiperpigmentación en la zona de las mejillas. Paralelamente, una mala higiene, como usar un móvil sucio o dormir sobre fundas de almohada sin lavar, puede provocar infecciones bacterianas y acné. Un desmaquillado inadecuado o la aplicación de productos cosméticos también pueden provocar alergia en la piel. Otra razón tiene que ver con la mala salud dental; si alguien sufre problemas relacionados con los dientes o las encías, esto puede causar cambios notables en sus mejillas.

Mapeo facial para el acné: Como se ha mencionado, las principales razones del acné y de los brotes excesivos en las mejillas suelen ser una mala alimentación, fundas de almohada sucias y teléfonos móviles poco limpios. Por lo tanto, la forma más fácil de evitar el acné en las mejillas es mantener la higiene alimentaria, limpiar regularmente las fundas de las almohadas y limpiar la pantalla del móvil. Céntrese en una dieta más saludable y haga ejercicio unas cuantas veces a la semana. Recientemente, se ha establecido que la ingesta excesiva de azúcar y lácteos es una de las razones potenciales del acné en la cara, concretamente en la zona de las mejillas. Por ello, se recomienda limitar al máximo alimentos como el chocolate blanco, los dulces y las golosinas, la leche, el yogur y el queso.

7. La boca y los labios

Vinculado a: El colon o el estómago.

Entre los rasgos faciales vinculados al estómago, la boca y los labios son algunos de los signos más visibles y evidentes de la salud del estómago. Si advierte algún forúnculo, grano o úlcera en los labios o en el interior de la boca, significa que su estómago también puede haber desarrollado úlceras. Además, si usted consume muchos alimentos fríos o crudos como parte de su dieta, su estómago puede trabajar en exceso para producir calor para metabolizar los alimentos y convertirlos en energía.

Percepción del mapeo facial moderno: Percepción del mapa facial moderno: El labio superior se divide en la zona 12A. Toda la zona por encima de los labios está directamente relacionada con su salud reproductiva, al igual que la zona de la barbilla y las mandíbulas. Sin embargo, también puede notar algo de pigmentación o hiperpigmentación allí causada por desequilibrios hormonales y sobreproducción de melanina. Cuando se combina con el crecimiento excesivo de vello en el labio superior, una condición también conocida como hirsutismo, es necesario que se realice un chequeo para detectar el síndrome de ovario poliquístico o la enfermedad de ovario poliquístico.

8. La nariz

Vinculado a: El corazón.

El lado izquierdo de la nariz está vinculado al lado izquierdo del corazón, mientras que el lado derecho de la nariz está relacionado con el lado derecho del corazón. Si observa acné, forúnculos, cicatrices, puntos negros o exceso de sebo o grasa en la nariz, significa que su corazón puede sufrir niveles altos de colesterol o una presión arterial irregular. Para mantener su corazón sano, haga ejercicio todos los días durante al menos treinta o cuarenta y cinco minutos para mejorar su salud cardiovascular. Consuma alimentos repletos de grasas saludables como el pescado, el aceite de oliva, el aguacate, los frutos secos y los frutos del bosque. Estos alimentos también contienen Omega-3, un tipo de ácido graso poliinsaturado que es excelente para el corazón y el sistema cardiovascular.

Percepción del mapeo facial moderno: La nariz se divide en la zona 7. Hoy en día, los expertos creen que la rotura de los capilares puede ser consecuencia de una mala alimentación o de una mala higiene. Aunque los cambios en la presión sanguínea y los niveles de colesterol pueden ser razones más frecuentes, no se pueden ignorar los efectos de la contaminación o de exprimir los granos, que pueden causar brotes de acné. También pueden deberse a la genética. Si advierte un enrojecimiento excesivo, puede ser un signo de presión arterial alta.

9. El mentón y la mandíbula

Vinculado a: La producción de hormonas y el sistema reproductivo.

Si observa algún grano o llaga en la barbilla y la mandíbula, esto indica un cambio en los niveles hormonales. Este fenómeno es notablemente evidente en las mujeres que sufren cambios hormonales naturales durante su ciclo menstrual. Además, si se observa un crecimiento excesivo de vello facial junto con frecuentes desequilibrios hormonales, las mujeres deben hacerse examinar para detectar afecciones de salud reproductiva como el síndrome de ovario poliquístico o la enfermedad de ovario poliquístico. Si no se trata, puede afectar negativamente a su sistema reproductivo y a su capacidad para tener hijos. Los granos excesivos en la barbilla y la mandíbula también indican problemas de salud mental, como estrés, ansiedad o depresión crónica.

La decoloración y los brotes en la barbilla también pueden estar relacionados con la salud intestinal. Dado que el estómago y el intestino delgado están representados por la barbilla, los movimientos intestinales irregulares pueden causar acné en esa zona. Mejore su dieta e incluya más alimentos ricos en fibra, como las semillas de chía, las hortalizas de hoja verde y la avena en granos. Además, los probióticos y los alimentos fermentados promueven el crecimiento de bacterias saludables en su estómago, por lo que el kimchi, la kombucha, el yogur y el chucrut pueden ser inmensamente beneficiosos si se incluyen en su dieta y se consumen regularmente.

Percepción del mapeo facial moderno: La barbilla se divide en la zona 12. Al igual que la práctica tradicional, los estudios modernos también sostienen que los desequilibrios hormonales causan acné alrededor de esta región. La parte central de la barbilla suele estar relacionada con el intestino delgado. En consecuencia, cualquier forma de alergia a los alimentos, cambios en la dieta o hábitos alimenticios poco saludables pueden provocar acné en la parte central de la barbilla, por lo que adoptar una dieta equilibrada y sana es fundamental.

La línea de la mandíbula se divide en las zonas 11 y 13. Además de los desequilibrios hormonales que pueden afectar al mentón y a la línea de la mandíbula, los brotes y las cicatrices en esta zona también pueden deberse a una mala higiene dental. Dado que la línea de la mandíbula está vinculada a los ovarios de la mujer, esta puede sufrir un exceso de brotes de acné durante sus ciclos menstruales. También puede deberse a un desmaquillado inadecuado que obstruye los poros; opte por productos no comedogénicos en su lugar.

Mapeo facial para el acné: Como se ha mencionado anteriormente, la razón principal de los brotes de acné en la barbilla y la mandíbula de una persona son los desequilibrios hormonales, una afirmación que está científicamente probada. Si el metabolismo de una mujer produce niveles más altos de hormonas masculinas o sufre el síndrome de ovario poliquístico, puede acabar teniendo un acné excesivo. La única manera de combatir este problema es con ejercicio físico regular, una dieta equilibrada y la pérdida de peso si es necesario. La hidratación también es crucial, de ahí la importancia de beber al menos ocho vasos de agua cada día.

10. El cuello

Vinculado a: Glándulas suprarrenales.

Es justo decir que el cuello no es un rasgo central en la lectura del rostro. Sin embargo, puede ayudar a determinar la salud interna del cuerpo de una persona. El cuello está relacionado con la salud de las glándulas suprarrenales; cuando estas trabajan en exceso y empiezan a liberar hormonas, el cuello y la parte superior del pecho se vuelven rojos. La adrenalina es una de las hormonas que se segregan y que nos dan impulso y energía. Por ello, el cuello se enrojece. Y aunque generalmente no es motivo de preocupación, deberías comprobar si hay otras condiciones como alergias en la piel, irritación o daños por el sol.

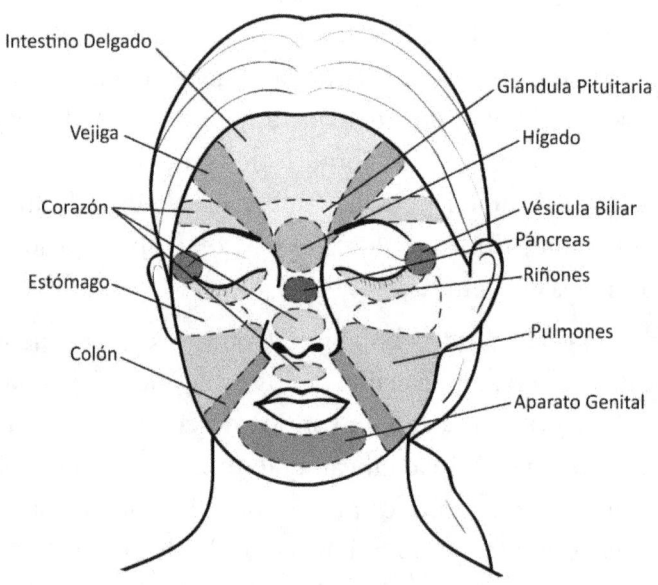

Tabla de Reflexología Facial

Utilice productos cosméticos orgánicos para prevenir la aparición de forúnculos, granos o quistes. Además, consuma mucha agua para mantenerse hidratado e igualar el tono de su piel. Y, lo que es más importante, concéntrese en su dieta para favorecer la salud digestiva. Por último, asegúrese de dormir al menos entre siete y ocho horas cada noche para evitar el estrés y mantener su salud física y mental. Haga ejercicio al menos tres o cuatro días a la semana y procure realizar una sesión diaria de meditación de diez a quince minutos. En definitiva, una buena dieta, mucho ejercicio y pequeños cambios en el estilo de vida le ayudarán a llevar una vida más sana y satisfactoria.

Considere estos signos como indicios de posibles problemas de salud

• **Pestañas largas:** Aunque las pestañas largas se consideran a menudo un signo de belleza, pueden indicar un problema en los ojos, sobre todo de sequedad. Las pestañas deben ser un tercio de la proporción de los ojos. La córnea libera una determinada cantidad de agua, que es controlada principalmente por las pestañas. También controlan la cantidad de aire que entra y sale de los ojos y mantienen alejadas las partículas de polvo. Si una persona tiene las pestañas largas, la circulación de aire alrededor de sus ojos aumenta, lo que acaba provocando sequedad.

• **Arrugas excesivas o profundas:** Las líneas y arrugas profundas significan que la persona puede tener una densidad ósea débil, dependiendo de su edad. Una explicación moderna de esto apunta a la aparición temprana de la menopausia en las mujeres; a medida que estas envejecen, su densidad ósea se debilita. Esto explica la relación entre las arrugas profundas y la baja densidad ósea.

• **Las cejas y el aumento de peso:** El adelgazamiento de las cejas, especialmente cerca de las puntas, es un signo de enfermedades tiroideas. A pesar de ser una etapa prematura, puede sufrir un problema de tiroides más adelante. Por lo tanto, si también percibe un aumento de peso repentino, se aconseja que se someta a pruebas para detectar problemas de tiroides.

• **Dientes torcidos y enfermedades de las encías:** Desde una perspectiva puramente científica, los dientes torcidos hacen que la comida se acumule en las esquinas, lo que provoca la acumulación de placa. A la larga, esto podría provocar daños bucales y enfermedades de las encías.

• **Punta de la nariz roja:** La punta de la nariz roja suele ser un signo de estrés excesivo. Al aumentar el nivel de "chi" de fuego, se producen complicaciones como la presión arterial alta, la ansiedad y el estrés. Si experimenta una punta de la nariz roja de forma recurrente, debería hacerse un chequeo para detectar problemas de presión arterial.

Estas indicaciones son una combinación de técnicas tradicionales de lectura del rostro y de estudios y descubrimientos modernos.

La lectura de la riqueza

Su rostro puede revelar mucho sobre su riqueza: su condición financiera anterior y lo que le depara el futuro. De hecho, las técnicas modernas de lectura de rostros se refieren principalmente a la riqueza. Las montañas y los ríos son símbolos significativos en términos de riqueza y abundancia, por lo que puede ser útil tener en cuenta estos indicadores al leer un rostro. Los expertos en lectura de rostros empiezan por el eje central de la cara y se mueven en direcciones alternativas para determinar la riqueza de una persona. A continuación, examinan la simetría y el equilibrio del rostro para corroborar sus lecturas iniciales. Cuanto más equilibrio haya en la simetría y la armonía, más estabilidad tendrá la persona en su situación financiera. Ambos aspectos deben ser estudiados con precisión para determinar la riqueza.

He aquí un desglose de los "requisitos" en el rostro de una persona a fin de evaluar sus perspectivas financieras:

1. Primer punto de riqueza - La simetría es vital

Este es el requisito más crucial a la hora de leer la riqueza. Ambos lados de su cara deben ser simétricos y poseer un buen equilibrio. Por un lado, si ese es el caso, su vida y sus perspectivas financieras serán fluidas e indican estabilidad y abundancia. Por otro lado, si el rostro carece de simetría y equilibrio, prepárese para soportar una vida difícil. Como se ha dicho, para determinar la simetría del rostro, hay que fijarse bien en el eje central. Ambos lados deben ser uniformes. Si su cara muestra una simetría perfecta, se le considera extremadamente afortunado. Sin embargo, ciertos peinados pueden contrarrestar la simetría facial de una persona, lo que podría llevar a una lectura inexacta. Para evitarlo, elija su peinado con cuidado; lleve el pelo de forma que no provoque desequilibrio.

2. Segundo punto de riqueza - Frente alta

Como ya sabe, la frente alta y redondeada es muy favorable, sobre todo cuando se trata de riqueza. De hecho, es el segundo indicador más preciso de la situación financiera. La frente está representada por la montaña de la prosperidad, que es un indicador vital de la riqueza. Del mismo modo que las montañas son altas, redondas, suavemente curvadas y un poco salientes, una frente con estos atributos se considera un signo de buena fortuna y prosperidad financiera. También representa el poder, el intelecto y la autoridad.

Una persona con la frente alta también puede ser bendecida con abundante riqueza a una edad temprana. Dado que la frente está situada en la sección del Cielo, se cree que las personas con la frente alta son bendecidas con riqueza desde su nacimiento. En otras palabras, están destinadas a vivir cómodamente y a tener mucho dinero. Como se ha mencionado, estas personas tienen autoridad sobre los demás y están bendecidas con una personalidad segura, lo que anima a otras personas a escucharlos y buscar su consejo. Sin embargo, estas frentes son bastante raras. Incluso si alguien tiene una frente poco prominente, se le considera afortunado y bendecido económicamente. Además, la persona posee la capacidad de tomar decisiones rápidas y es muy inteligente.

Una frente perfecta está representada por el dragón celestial, un presagio de gran suerte, poder y abundancia. La razón de que esta zona sea el segundo mejor indicador de suerte y riqueza se debe a que es el punto del yang. Los lunares negros situados en el centro de la frente son bastante desfavorables; dicho esto, se pueden eliminar con ayuda profesional. Sin embargo, si se encuentra algún lunar rojo en la frente, se cree que trae suerte, por lo que es mejor dejarlo como está.

Cuidar la frente para evitar los granos, el acné y las manchas es fundamental. Lávese la cara por la mañana y antes de acostarse, aplique una crema hidratante y utilice un exfoliante orgánico dos veces por semana. Si usted tiene una zona T grasa, limpie su cara con una espuma limpiadora y aplique mascarillas para limpiar los poros. Está bien utilizar productos para el cuidado de la piel para mantener la zona limpia, suave y sin manchas. También puede utilizar cosméticos para mantener el tono de la piel uniforme y evitar que la zona se vuelva opaca.

3. Tercer punto de riqueza - Nariz de dinero

El tercer punto destacado de la riqueza es la nariz. Los expertos en lectura del rostro examinan el volumen y el tamaño de la nariz de la persona para determinar su riqueza. Aunque una nariz grande puede parecer fea y desproporcionada en la cara, se considera un rasgo de suerte. También indica las puertas o fuentes de dinero de la persona. Se cree que la lectura de la nariz para determinar la riqueza es más eficaz en las mujeres que en los hombres. Cuanto más redonda es la nariz, más suerte se tiene en términos de riqueza y estabilidad financiera. También hay que tener en cuenta el tamaño de las fosas nasales; unas fosas nasales de tamaño medio (ni demasiado grandes ni demasiado pequeñas) son otro signo de buena fortuna.

Si una mujer tiene una nariz grande, redonda y alta, atraerá la riqueza hacia ella y traerá suerte y riqueza al hombre con el que se case. Sin embargo, no se pueden realizar lecturas precisas de la riqueza en narices alteradas quirúrgicamente, ya que son inauténticas y antinaturales. Como regla general, la nariz de una persona no debería corregirse con fines estéticos. Se cree que la famosa estrella del pop Michael Jackson sufrió una espiral descendente y una trágica muerte después de someterse a varias rinoplastias. Los cambios fueron drásticos y transformaron su rostro por completo.

Dicho esto, se pueden utilizar ayudas artificiales como el maquillaje o los productos para el cuidado de la piel para mantener la nariz suave, sin manchas y brillante. Intente mantener la nariz limpia, libre de pelos y manchas, y eliminar los puntos negros. Dado que las manchas, los defectos, la decoloración o las cicatrices en la nariz son desfavorables, es necesario que el puente nasal esté brillante y luminoso para experimentar una vida próspera y cómoda.

La nariz está representada por uno de los ríos significativos que simbolizan el rostro, que es el río Jie, famoso por representar la riqueza y la prosperidad. Este punto es el tercer indicador más crucial de la suerte y la riqueza porque es el punto del yin. Al igual que la frente, los lunares en la nariz, especialmente en la punta, también son desfavorables, ya que suelen significar mala suerte.

Por lo tanto, la próxima vez que vea su nariz grande en el espejo, no se sienta acomplejado; alégrese, ya que será bendecido con abundante riqueza en el futuro.

4. Cuarto punto de salud - Labio de perla

A continuación, otro indicador de riqueza es la protuberancia en la parte superior del labio, también conocida como labio de perla. Si una persona tiene un labio de perla, significa que está destinada a tener abundante riqueza y una vida financiera estable. Las perlas, como piedras preciosas, se consideran una de las cosas más preciosas en la filosofía tradicional china y simbolizan el prestigio y la clase. También se conoce como perla de fénix, y representa la gran capacidad de comunicación de una persona y un discurso muy desarrollado.

Al igual que la forma de una perla, la protuberancia sobre los labios luce redonda, un rasgo adquirido al nacer. Es evidente y visible en el labio superior de la persona desde una edad temprana. En este caso, se puede afirmar que el niño será bendecido con una inmensa riqueza en el futuro.

Un labio de perla no solo es favorable en términos de riqueza, sino que también se considera una característica de belleza. A menudo se compara con rasgos exóticos como un hoyuelo o una barbilla hendida, que hacen atractiva a una persona. Este rasgo suele ser más prominente en las mujeres que en los hombres. Aunque se considera un signo de suerte para ambos sexos, es especialmente apreciado y buscado en las mujeres. La razón es que las mujeres con boca de perla suelen atraer la suerte, la riqueza y la prosperidad a los hombres con los que se casan.

5. Quinto punto de riqueza - Boca de loto

Aparte de su forma y su volumen, el principal factor que determina una boca atractiva es la humedad. En este análisis, la boca puede ser de tamaño reducido; el único requisito es que sus labios estén húmedos y brillantes en todo momento. La boca de Loto está representada por uno de los ríos que simbolizan el rostro, el río Huai. Es el segundo más importante, a pesar de ser más pequeño que los demás ríos. Ahora bien, como es pequeño, delicado y suculento, este quinto punto de riqueza debe retratar las mismas características. Los lunares negros en la boca o alrededor de ella son muy desfavorables. Puede optar por eliminarlos con ayuda profesional. En cambio, si advierte algún lunar rojo en esa zona, déjelo ya que es un signo de suerte e indica que nunca se quedará sin comida.

El nombre de boca de loto deriva de la flor que prospera en ambientes húmedos. Este signo de riqueza abundante y estabilidad financiera viene acompañado de una boca y unos labios siempre húmedos. Al igual que un río seco es desfavorable, una boca seca indica mala suerte en términos de riqueza. Por lo tanto, haga lo posible por mantener la boca y los labios húmedos aplicando bálsamos labiales y bebiendo mucha agua. Además, un lápiz de labios de color rojo brillante también es favorecido por las mujeres, ya que se cree que trae buena suerte. Al mismo tiempo, se cree que el color brillante en los labios atrae el yang chi, otro augurio muy favorable.

6. Sexto punto de riqueza - Mentón fuerte

El mentón está representado por la montaña de la base y lo ideal es que sobresalga para reproducir su forma. En este caso, la persona ha sido bendecida con una gran riqueza, principalmente con la ayuda de activos físicos. Junto con el mentón, también se prefiere una línea de la mandíbula afilada y prominente. La barbilla también debe ser carnosa y prominente. Una forma que se asemeje a una montaña es muy favorecida. Junto con la riqueza y la prosperidad, un mentón afilado y prominente también representa la longevidad de una persona.

Por otro lado, si se observa una mandíbula retraída, significa que la persona podría enfrentarse a una inmensa mala suerte en su vejez. En casos extremos, la persona también podría tener una muerte trágica y prematura.

7. Séptimo punto de riqueza - Ojos brillantes

Los ojos brillantes no solo son hipnotizantes, sino que también pueden describir la riqueza de una persona y decir si está alerta y consciente. Aunque la forma y el tamaño de la mayoría de los rasgos faciales se consideran para evaluar la suerte y la riqueza de una persona, la vitalidad de los ojos es más relevante en este caso. Cuando se trata de determinar la riqueza, el tamaño, el color y la posición de los ojos no importan; lo que importa es su brillo. Si sus ojos son brillantes y poseen una mirada firme, está bendecido con buena fortuna y abundante riqueza.

El séptimo punto también se mide por las cejas, que también actúan como elemento de protección. Si tiene cejas arqueadas que protegen sus ojos brillantes, significa que ha sido bendecido con buena salud, riqueza y fortuna. Es deseable tener unas cejas gruesas y bien definidas. Por eso, si está pensando en afeitárselas para conseguir un nuevo look, reconsidere su decisión. Un rostro sin cejas se considera indeseable. Incluso si quiere depilarse las cejas, absténgase de hacerlo por encima de la línea de las cejas, ya que podría afectar a su suerte.

También se cree que las cejas protegen a la persona de la energía negativa de los celosos y alejan a los espíritus malignos. No obstante, puede utilizar maquillaje, como cepillos para cejas y delineadores, para arreglar y dar forma a sus cejas e introducir simetría entre ambos ojos. Al igual que el rostro necesita simetría y equilibrio para tener buena suerte, los ojos y las cejas también deben ser simétricos.

8. Octavo punto de riqueza - Pómulos rellenos

Los pómulos entran en el apartado Hombre, que define la mediana edad de una persona. A la hora de definir la riqueza, son deseables unos pómulos brillantes, suaves y regordetes. Además, si son luminosos y brillantes, indican una inmensa riqueza en la vida de una persona. Los pómulos huesudos o delgados son muy indeseables, ya que simbolizan la energía yang, que es perjudicial.

Si sus pómulos son carnosos, pueden parecer lo suficientemente tentadores como para pellizcarlos (puede que incluso lo haya experimentado un par de veces). Por último, los expertos en lectura de rostros también determinan la riqueza de una persona a través del color o tono de sus pómulos. Por un lado, unos pómulos de color rosa intenso indican que la persona ha sido bendecida con buena fortuna. Por otro lado, unos pómulos secos, apagados, sin color o hundidos son desfavorables y sugieren posibles pérdidas en un futuro próximo.

9. Noveno punto de riqueza - Orejas

El noveno y último punto de riqueza es un par de orejas bien definidas y posicionadas. Está representado por el río Amarillo, también símbolo de buena fortuna. Para medir la riqueza de una persona, se suelen preferir las orejas largas a las más cortas, ya que representan la clase y el prestigio. Además, como el Señor Buda tenía las orejas largas, son más favorecidas en la lectura tradicional china del rostro. Además de la proporción y la posición de las orejas, los lectores de rostros chinos también examinan si las orejas de la persona son carnosas, ya que las orejas carnosas son más favorables.

Quizá haya notado que la mayoría de los puntos de riqueza se encuentran en la parte central de la sección Hombre, ya que cada uno es responsable de cambiar su suerte y atraer el éxito a través del trabajo y el esfuerzo. La sección de la juventud y la vejez contienen solo unos pocos puntos de riqueza porque usted trabajará duro para lograr sus objetivos en la edad adulta, lo que significa que sus puntos de riqueza están bien definidos en el momento en que envejece.

Predicción de la fertilidad y el sexo

La lectura del rostro es muy popular entre las parejas que intentan tener un bebé. Indica la fertilidad de una persona y puede ayudar a predecir el sexo de su bebé.

1. Las sienes

Predicción del sexo del bebé: Si esta región es brillante, suave y sin ningún tipo de decoloración, indica que el padre puede tener una niña. La pareja no tendrá ninguna dificultad para concebir un hijo. Disfrutarán de un embarazo sin esfuerzo. En cambio, si se observa que esta región está oscura o con cicatrices, es posible que la pareja tenga que soportar un viaje de embarazo difícil. También es un signo de que se espera una niña.

2. Los ojos

Predicción del sexo del bebé: Los ojos de la madre pueden decir mucho sobre el sexo del bebé. Si tiene arrugas cerca de las pestañas (que miden entre cuatro y siete milímetros), es posible que tenga un niño. Sin embargo, si la mujer no tiene arrugas en los ojos o alrededor de ellos, puede esperar una niña.

3. Las cejas

Predicción del sexo del bebé: Esto es más evidente en las cejas del padre. Si posee cejas largas, bien definidas y brillantes, las probabilidades de tener un niño son del sesenta por ciento o más. Con el mismo conjunto de cejas y una textura de pelo más dura, las probabilidades aumentan hasta un ochenta o noventa por ciento. Si las cejas son finas, escasas o cortas, es posible que tenga una niña. Del mismo modo, se puede predecir el sexo del bebé a partir de las cejas de la madre. Si su ceja izquierda es más larga, puede tener un niño; si su ceja derecha es más larga, puede tener una niña. Al igual que el padre, si las cejas de la madre son finas, escasas o cortas, puede esperar una niña.

4. Las orejas

Predicción del sexo del bebé: Una de las formas más sencillas de predecir el sexo de un bebé es observar detenidamente las orejas y los lóbulos en la madre. Si se observa la presencia de lóbulos grandes en las orejas de la madre, es muy probable que tenga un niño. Por el contrario, la ausencia de lóbulos de las orejas podría ser un signo de que va a nacer una niña.

5. Los labios

El color de los labios de una mujer se relaciona con su fertilidad y ayuda a predecir el sexo de su bebé. Si el color es intenso o normal, significa que la mujer tendrá más posibilidades de quedarse embarazada.

Predicción del sexo del bebé: Paralelamente, el filtrum del padre y de la madre puede determinar el sexo del bebé. La inclinación del filtrum del hombre hacia la izquierda indica una mayor probabilidad de tener un niño, mientras que la inclinación del filtrum hacia la derecha indica una niña. La cantidad de vello en la región del filtrum también es un factor para tener en cuenta en un hombre; si apenas tiene, el padre podría tener una niña. El color de los labios también revela el sexo del bebé. Por ejemplo, si los labios de la madre son rojos, rosados o de color de rosa, puede tener un niño. En cambio, si el color es azul, blanco o rojo intenso, puede tener una niña.

6. El mentón y la mandíbula

Una barbilla redonda representa la suerte de una persona de tener riqueza abundante y relaciones sanas e indica que será bendecida con tener muchos hijos y nietos.

Predicción del sexo del bebé: Si la mandíbula tiene forma cuadrada y el mentón es redondo, significa que la persona tendrá un niño. Si la barbilla es puntiaguda al final, significa que la persona tendrá una niña.

Leer sus relaciones y su matrimonio

En esta sección se analizará cómo los rasgos faciales se relacionan con el estado de una relación para hombres y mujeres. Ambos géneros necesitan tener dos o más de los siguientes rasgos para tener una relación exitosa o un matrimonio duradero.

En las mujeres:

• Debe tener una nariz ancha que represente una gran confianza, conciencia de sí misma e independencia.

• Si una mujer tiene Ojos de Fénix, es ingeniosa, elegante y puede atraer fácilmente a los hombres. También tiene mucha clase, lo cual es otro rasgo atractivo.

• Una frente redondeada y de tamaño medio (cuatro o menos dedos de altura) significa que la mujer es lo suficientemente inteligente como para tomar decisiones acertadas, sobre todo a la hora de elegir a su pareja y comprometerse a largo plazo.

• Si tiene las cejas ligeramente curvadas, significa que es amable, cariñosa y capaz de expresar sus sentimientos.

• Si el puente de la nariz es alto, la persona es segura de sí misma y cree en la igualdad entre ambos sexos. Como su pareja, si alguna vez intenta reprimirla, puede provocar un enfrentamiento o una ruptura.

• Si la mujer tiene los labios equilibrados, es decir, que tanto el labio superior como el inferior son proporcionados y de igual tamaño, la mujer puede mostrar afecto físico y es sexualmente activa. Tiende a satisfacer a su hombre en la cama.

En los hombres:

• Si un hombre tiene una nariz ancha y alta, significa que es muy seguro de sí mismo y que se siente bien. Sin embargo, no debe tener crestas ni protuberancias en la nariz.

• Al igual que la mujer, si el hombre tiene unos labios proporcionados, indica que es capaz de mostrar afecto físico y que es un amante distinguido, especialmente en la cama.

• Un conjunto de cejas gruesas y bien definidas en un hombre indica que aprecia su relación, hasta el punto de renunciar a otros aspectos importantes de su vida (trabajo, círculo social, etc.).

• Unas cejas bien definidas y alejadas de las sienes (al menos a una distancia de dos dedos de ancho) son un fuerte signo de respeto y confianza en una relación. Ambos miembros de la pareja se comprenden y respetan mutuamente. Ninguno de los dos controla al otro ni muestra demasiada complacencia, lo que indica un matrimonio sólido y feliz.

• Por último, si el hombre tiene la barbilla ancha, significa que disfruta pasando tiempo en casa con su mujer. Los placeres sencillos, como acurrucarse, ver una película o cocinar juntos, son lo que siempre espera.

Implicaciones del matrimonio tardío

Las personas que no tienen la suerte de encontrar una pareja duradera a una edad temprana, o que deciden casarse tarde, también deben tener en cuenta ciertos factores a la hora de leer los rasgos faciales.

• **Frente abultada:** Una frente abultada es un signo aparente de matrimonio tardío tanto para hombres como para mujeres. Dado que la frente está representada por el elemento fuego entre los cinco elementos, la protuberancia de la frente representa la forma de fuego ardiente. Estos individuos parecen ser irresolutos e intransigentes, lo que suele conducir a un matrimonio tardío. Un hombre que se casa con una mujer con la cabeza protuberante puede sufrir debido a complicaciones mentales y estrés. Además de la protuberancia, la frente alta también es un signo de matrimonio tardío. Como se ha mencionado, la frente se representa como el signo del fuego, por lo que las personas con la frente alta prefieren elegir de forma pasiva. También muestran mucha paciencia y no se precipitan en sus decisiones para encontrar pareja o casarse.

• **Cejas gruesas o finas:** Por lo general, las personas con cejas gruesas son demasiado pensadoras y no son capaces de reducir sus opciones. Aunque deseen casarse pronto, su carácter indeciso se lo impide. En cambio, si una persona tiene las cejas finas, lo más probable es que favorezca su propia conveniencia sobre la de los demás. Tampoco se dejan llevar por las emociones y son bastante selectivos. También les resulta difícil mantener la devoción o la seriedad en cualquier tipo de relación, ya sea de matrimonio, hijos o familia, por lo que suelen casarse más tarde que los demás.

· **Pelo grueso y liso:** Los antiguos lectores del rostro en China creían que la densidad del cabello de una persona estaba relacionada con el espesor de su sangre. Cuanto más denso es el cabello, más tarde es probable que la persona se case. Esto se debe principalmente a su inflexibilidad y falta de paciencia. Además, el símbolo de Yang está relacionado con el pelo fuerte y liso, lo que significa que las personas con este rasgo pueden casarse más tarde de lo previsto.

· **Patas de gallo:** Aunque las patas de gallo son aceptables o no suelen ser un mal presagio, el exceso de líneas suele ser un signo de matrimonio tardío. Esto se debe a que las patas de gallo están relacionadas con una vida laboriosa. Estas personas se ocupan de todos los aspectos de su vida por sí mismas y nunca dependen de los demás para hacer las cosas. Esto explicaría por qué suelen estar estresados. Los jóvenes con patas de gallo apenas tienen tiempo para conocer gente nueva o cultivar sus relaciones existentes debido a su ajetreada vida, por lo que suelen ignorar el matrimonio a los veinte o a los treinta años. Los ojos brillantes con patas de gallo siguen siendo preferibles, ya que representan el encanto, la popularidad y el sentido del humor de una persona.

· **Ojos Grandes:** Los individuos con ojos grandes suelen ser indecisos y ansiosos cuando se trata de tomar decisiones importantes en la vida. Por ello, son incapaces de decidirse por su pareja para un compromiso a largo plazo.

Parejas potenciales

Se cree que los rasgos faciales de una persona también pueden revelar mucho sobre el tipo de pareja que atrae, de acuerdo con su propia apariencia. Los rasgos de los hombres y de las mujeres son diferentes, y por eso atraen a distintos tipos de pareja. Eche un vistazo a los rasgos de las parejas potenciales de cada sexo:

El Palacio Matrimonial de una persona suele predecir los rasgos de su futura pareja. Por ejemplo, si el Palacio Matrimonial es voluminoso, junto con los ojos y las cejas simétricos y a juego, significa que tendrá un cónyuge hermoso o guapo. En cambio, si el Palacio Matrimonial está hundido o las cejas y los ojos no coinciden, podría indicar una pareja poco atractiva. Lo mismo ocurre con los ojos grandes y las cejas pequeñas, o con los ojos pequeños y las cejas pobladas. Por último, si la persona tiene las cejas y los ojos asimétricos o mal proporcionados, significa que su pareja puede tener un aspecto mediocre o simple.

Para las mujeres: Las cejas curvas y largas atraerán a una pareja alta y delgada para la mayoría de las mujeres. En cambio, las mujeres con cejas más cortas pueden casarse con un hombre más corpulento. Si las cejas de una mujer apuntan hacia arriba en el extremo, es posible que se case con un hombre de cara redonda y mal carácter. Es posible que se meta en peleas o que sea objeto de constantes abusos. Por el contrario, si las cejas apuntan hacia abajo, la mujer puede atraer a un hombre de rostro ovalado y carácter tranquilo y de buena voluntad.

Para los hombres: La nariz, los ojos y las cejas de un hombre suelen tenerse en cuenta a la hora de determinar el aspecto de su pareja. Por ejemplo, si un hombre tiene una nariz bien proporcionada, más redonda y recta que otras, es probable que conozca y se case con una mujer hermosa. Además, las fosas nasales deben estar poco expuestas. Por el contrario, si el hombre tiene las fosas nasales expuestas, puede casarse con una mujer de aspecto común. Los hombres con ojos alargados y cejas bien formadas y proporcionadas atraerán a una mujer hermosa, con la que entablarán una relación duradera. Por último, los hombres con cejas mal proporcionadas y oscuras pueden casarse con una mujer de aspecto común.

Aunque el aspecto de una pareja no debe prevalecer sobre su naturaleza y compatibilidad, predecir la apariencia de su futura pareja puede ser un ejercicio divertido y entretenido con la lectura facial.

Leer rasgos de carácter en los niños

Por último, pero no por ello menos importante, puede evaluar el carácter, los puntos fuertes y los puntos débiles de un niño observando su cara y sus rasgos visibles. Aunque ya conoce la mayoría de estos rasgos, vamos a centrarnos en los más obvios e importantes para leer la cara de los niños.

La utilización de los Cinco Elementos de los que hablamos al principio es quizá la forma más sencilla de descifrar la personalidad de un niño. Veamos qué puede decir cada elemento sobre ellos.

El niño de madera

Estos niños son extremadamente curiosos y siempre están deseosos de aprender y descubrir cosas nuevas. Son inteligentes y a menudo se les puede encontrar leyendo libros. Le preguntarán "¿por qué?" en casi todas las frases, y si no consiguen la respuesta, seguirán haciéndolo hasta que la obtengan. Además de negarse a aceptar un no por respuesta, suelen ser muy aventureros. Su actitud enérgica es refrescante, pero pueden ser difíciles de domar. Dé un salto con ellos y acompáñelos en una aventura para comprender que la vida no es aburrida.

Características principales del niño de madera

- Una mandíbula bien definida
- Un hueso de la ceja abultado
- Una línea de cabello recta y bien delimitada
- Un rostro de forma cuadrada o rectangular
- Cejas gruesas

El niño de fuego

Al igual que la llama de un fuego es brillante, vibrante e inestable, un niño Fuego siempre está feliz y alegre, deseoso de contagiar su alegría a los demás. Están llenos de energía y apenas pueden quedarse quietos. Son alegres y a menudo se les llama parlanchines por su tendencia a hablar sin parar. El niño de Fuego necesita que lo estimulen; si no, puede portarse mal. Estos niños son muy sociables y les gusta salir con sus amigos y conocer otros nuevos. Por último, tienden a ser malhumorados y a enfadarse.

Características principales del niño de fuego

- Pelo rizado
- Ojos brillantes y chispeantes
- Pecas y hoyuelos
- Brazos delgados
- Un rubor prominente o leve en las mejillas

El niño de tierra

Estos niños son conocidos por tener un enfoque práctico y metódico a la hora de manejar proyectos, un rasgo sorprendente a una edad tan temprana. Son organizados y prefieren terminar las tareas importantes antes de divertirse. Aunque les gusta estar con sus amigos y son sociables, prefieren no ser el centro de atención. No les importa ser el centro de atención de vez en cuando, pero tienden a ser bastante modestos y humildes al respecto. Son personas emocionales, divertidas y cariñosas, además de leales. Sin embargo, pueden ser propensos a los celos. Necesitan que sus amigos sean comprensivos y los entiendan por completo. Si se les deja solos, los niños de tierra pueden sufrir a veces ansiedad por separación.

Características destacadas del niño de tierra

- Una nariz carnosa
- Labios gruesos o carnosos
- Tez de melocotón con un subtono amarillo
- Pómulos bajos
- Cara redonda

El niño de agua

Al igual que la tranquilidad de un río que fluye, un niño Agua también es tranquilo y sereno. Suelen mostrar una gran imaginación y son muy creativos. Aunque puedan parecer extrovertidos y compartir más de lo necesario, prefieren guardarse las cosas importantes para sí mismos. Puede que solo se abran a las personas que les gustan y en las que confían por encima de todo. Son inteligentes, perspicaces y suelen sacar buenas notas en la escuela. A veces, pueden ser un poco sensibles por cuestiones triviales. Sus energías varían según su estado de ánimo; pueden estar nerviosos en un momento dado o sensibles en otro. En esos momentos, controlarlos puede resultar una tarea muy difícil.

Características destacadas del niño de agua

- Una frente superior redondeada
- Un mentón fuerte y puntiagudo
- Orejas y lóbulos grandes
- Pelo grueso, largo y brillante
- Un filtrum bien formado

El niño de metal

Por último, un niño con un elemento metal sabe mantenerse firme y actuar y hablar en cualquier situación. Pueden integrarse bien en un grupo, así como jugar individualmente. Se les puede llamar " ambivertidos". Les gusta aprender cosas nuevas y son siempre curiosos. Si quiere hacerles felices en una ocasión especial, como su cumpleaños, opte por algo sencillo, útil pero modesto, o pregúnteles qué les gustaría. Esto se debe a que tienden a ser reservados y no les gustan las sorpresas. Prefieren tener una rutina constante, terminar los deberes a tiempo y disfrutar de suficiente estabilidad en su vida académica y familiar. Pueden ser un poco tercos, lo que puede dificultar su control. Sin embargo, estos niños son extremadamente simpáticos, alegres y adorables cuando se presentan en público.

Características destacadas del niño de metal

- Pómulos bajos y hundidos
- Tez pálida
- Cejas altas y largas
- Una estructura ósea bien definida
- Pómulos prominentes

La cara de un niño y sus elementos correspondientes son suficientes para determinar sus rasgos, sus puntos fuertes, sus debilidades, su pasado, su presente y su futuro. Conocer a un niño puede ayudarle a controlarlo mejor y a remediar sus deficiencias desde el principio para convertirlas en puntos fuertes. No solo es esencial para hacerles mejores seres humanos a medida que crecen, sino que también es un importante indicador de su felicidad.

Conclusión

En definitiva, aprender a leer los rostros para comprender el proceso de pensamiento, las emociones, la fortuna y la situación actual de una persona puede repercutir positivamente en su comprensión. Puede empezar a mirar a las personas con un punto de vista diferente y tomarse un tiempo para descifrar sus circunstancias antes de sacar conclusiones. Con estas técnicas, podrá distinguir los puntos fuertes y débiles de cada individuo y comportarse en consecuencia.

Tanto si se trata de una cita como de una entrevista con un posible empleado, podrá averiguar fácilmente el carácter de una persona y su futuro leyendo su cara, lo que le permitirá tomar una decisión acertada.

Antes de terminar este libro, abordemos una cuestión importante a la que se enfrenta la mayoría de la gente: ¿afectará la cirugía plástica o estética de cualquier tipo a la forma de leer los rostros? Aunque ya hemos hablado de ello, merece la pena examinarlo desde un ángulo diferente. La lectura del rostro tiene que ver principalmente con quién es realmente la persona, en lugar de basarse en sus rasgos superficiales y su fachada externa. Aunque se modifique el rostro con cirugía estética, no cambiará el interior y el destino con el que se nace.

Sin embargo, la cirugía estética y las alteraciones en el rostro pueden causar un problema con las personas con las que se reúne, ya que pueden tener sentimientos encontrados. Usted está presentando un nuevo o diferente yo externo mientras se siente como la misma persona en el interior. Los lectores de rostros profesionales también pueden darle una evaluación diferente o vaga, que en última instancia es inexacta. Por ejemplo, si las orejas apuntan hacia fuera, significa que la persona es estudiosa e inconformista. Sin embargo, si no le gusta el aspecto de sus orejas y trata de ocultarlas o alterarlas mediante un procedimiento médico, puede indicar que quiere ocultar a los demás sus valores inconformistas.

Hemos mencionado el cuidado del rostro y la alimentación sana para evitar el acné, las marcas y la decoloración. Esto se debe a que el acné y los brotes excesivos son un signo de mala salud. Si bebe más agua, hace ejercicio, come de forma saludable y utiliza productos para el cuidado de la piel o cosméticos (no cirugía estética), sin duda podrá tratar y remediar esta afección de forma eficaz y permanente.

A medida que nuestro destino se desarrolla, nuestros atributos faciales y físicos cambian en consecuencia. Dado que nuestros rasgos faciales están simbolizados por montañas y ríos, principalmente por la riqueza, deberá darse cuenta de que estos se aplanan y se secan en algún momento. Por esta razón, hay que tener cuidado y fijarse en los cambios que se producen en el rostro a lo largo de las distintas etapas de la vida. Al mismo tiempo, es fundamental cuidar el rostro con medios naturales y artificiales. Si bien no se aconseja la cirugía plástica (ya que altera el aspecto y da lugar a una lectura y valoración inexactas), sí se aconseja utilizar productos cosméticos para mantener el rostro limpio y sano y evitar los granos, las cicatrices y las decoloraciones.

La lectura del rostro es divertida y le permite comprenderse a sí mismo y a las personas importantes de su vida. En muchos sentidos, puede ayudarle a reorientar su camino y a realizar cambios significativos para disfrutar de un futuro mejor y más satisfactorio.

Ahora que posee un sólido conocimiento de la lectura de rostros, es el momento de ponerlo en práctica. ¡Buena suerte!

Segunda Parte: Lectura de la palma de la mano

Desvele los secretos de la quiromancia para saber sobre usted y su futuro

Introducción

Si alguien le dijera que todos los detalles de su vida se esconden en la palma de su mano, probablemente no le creería. Pero, en efecto, ¡la palma de la mano puede decir más sobre su persona de lo que usted cree! Cada una de las líneas de su palma está interconectada con diferentes aspectos de su vida. Si puede aprender a leer su propia mano, entonces no necesita acudir a lectores de tarot, astrólogos o quirománticos para descubrir más sobre usted mismo. Mucha gente no se da cuenta, pero todo lo relacionado con la mano es una apertura para aprender más sobre uno mismo. La base de la lectura de la mano es utilizar la forma, el tamaño, la textura, los colores y la longitud de la mano y los dedos para lograr la autorrealización a un nivel más profundo de lo que se puede comprender.

Algunos creen que la práctica de la lectura de la palma de la mano o la quiromancia es algo que solo pueden utilizar unas pocas personas selectas con dones únicos. Debido a esto, muchas personas acuden a lectores profesionales de la mano para aprender más sobre ellos mismos. Esto no es del todo correcto porque la lectura de la mano es una práctica que puede realizar por sí mismo.

La lectura de la mano puede ser aprendida y utilizada por cualquier persona que esté dispuesta a poner el trabajo. Si está dispuesto, también puede utilizar este conocimiento para ayudar e impactar a los que le rodean. Al aprender y comprender el arte de la lectura de la mano, puede acceder a información confidencial sobre su vida, sus relaciones, su carrera y, básicamente, todo lo que influye en quién es usted como persona y en la vida que lleva. La lectura de la mano puede revelar su trayectoria profesional, para que no pierda su tiempo persiguiendo algo diferente. También puede conocer sus relaciones sociales y románticas. Desde su salud hasta sus antecedentes familiares y rasgos personales, hay mucho que aprender a través de sus manos.

Naturalmente, hay varios recursos en línea que afirman enseñar a las personas todo lo que necesitan saber sobre la práctica de la lectura de la mano. Sin embargo, la mayoría de estos recursos suelen acabar siendo más teóricos que prácticos. Este descubrimiento puede ser realmente frustrante y decepcionante para las personas que realmente quieren aprender a leer la mano y acceder a información sobre ellos mismos. Si está leyendo esto, debería considerarse afortunado, ya que no tiene que preocuparse por malgastar su dinero en materiales que no le sirven de nada.

Lectura de la palma de la mano: Desvele los secretos de la quiromancia para descubrir sobre su persona y su futuro es su guía definitiva para dominar el arte de la lectura de la mano. Este libro desglosa todo lo que necesita saber sobre la lectura de la mano con un lenguaje simplificado y directo, desde lo más básico hasta lo más avanzado. No importa si es un principiante o alguien ya familiarizado con esta práctica; hay algo para todos en este libro. El primer capítulo le ofrece una breve visión de la historia de la lectura de manos. No se puede entender el presente si no se conoce el pasado. A lo largo del resto del libro, aprenderá sobre técnicas básicas y avanzadas de lectura de la mano, incluyendo cómo puede leer el tamaño de la mano, las líneas, los dedos, los colores, los montes, etc. Y lo que es más importante, también aprenderá a dar sentido a todo lo que lea en las manos. Este libro fue escrito para ser su ventanilla única para la quiromancia, y eso es precisamente lo que encontrará.

Comencemos a dominar la lectura de las manos y a descubrir más sobre su persona y su futuro.

Capítulo 1: Historia abreviada de la lectura de la mano

La lectura de la mano, o la quiromancia, como también se le llama, a menudo se descarta como otro de esos trucos baratos que los psíquicos utilizan para engañar a las personas ingenuas para que les den un par de billetes. Muchas personas no creen que esta práctica sea real en ningún sentido. Algunos incluso creen que la lectura de la mano es una práctica nueva introducida recientemente en el mundo psíquico. Ninguna de estas creencias es cierta. Muchas de estas creencias se basan en la falta de conocimiento sobre la quiromancia. Precisamente por eso quiero iniciar este capítulo dando un breve vistazo a la historia de la quiromancia.

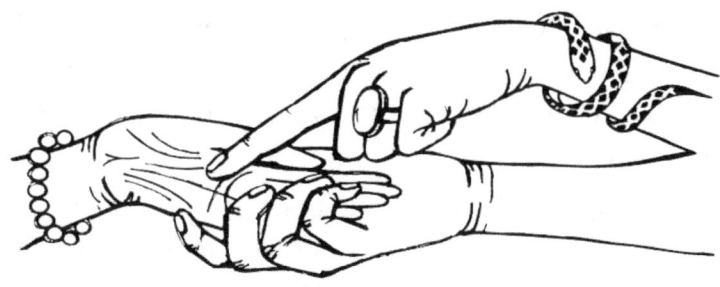

La lectura de la mano, también llamada quiromancia o quirología, es la práctica de leer el carácter y la personalidad de una persona y predecir su futuro a través de las líneas y ondulaciones de sus manos. En pocas palabras, la quiromancia consiste en predecir el carácter de una persona y su futuro leyendo sus manos. No se sabe a ciencia cierta de dónde procede la lectura de la mano. Los expertos en lectura de la mano no se ponen de acuerdo en un lugar de origen, pero lo que sí es cierto es que la lectura de la mano existe desde hace siglos. Algunos creen que la lectura de la mano se originó en la antigua India y se extendió a otras partes del mundo. Sabiendo que los gitanos romaníes tuvieron su hogar en la India, puede que fuera allí donde aprendieron por primera vez el arte de leer las manos. En cualquier caso, la lectura de las manos siempre ha sido una práctica muy extendida en China, Egipto, Tíbet, Mesopotamia y Persia. También era popular en la antigua Grecia, donde experimentó una importante evolución. Brevemente, hablemos de cómo la quiromancia se extendió de una cultura a otra.

De acuerdo con Yoshiaki Omura, un reconocido acupuntor, la lectura de la mano tiene sus raíces en la antigua astrología hindú. Esto explica la relación entre la lectura de la mano y la astrología, que conocerá en un capítulo posterior. Hace milenios, el sabio hindú llamado Valmiki elaboró un libro sobre quiromancia masculina con más de 567 estrofas. El título del libro significa "Las enseñanzas de Valmiki Maharshi sobre la quiromancia masculina". Desde la India, la quiromancia viajó y se extendió a China, Tíbet, Persia y Egipto. Desde allí, se extendió a los países europeos. El primer lugar donde progresó la quiromancia fue la antigua Grecia. Algunos dicen que

Anaxágoras, el filósofo griego anterior a Sócrates, era un ardiente practicante de la quiromancia. Según los informes, el filósofo Aristóteles también encontró escritos sobre la práctica de la quiromancia en el altar de Hermes. Se dice que Aristóteles presentó su hallazgo a Alejandro Magno porque tenía un gran interés en estudiar el carácter de sus oficiales examinando y analizando las líneas de las palmas de sus manos.

Durante la época del Renacimiento, la quiromancia se consideraba una de las siete prácticas mágicas prohibidas. Las otras son la geomancia, la nigromancia, la piromancia, la hidromancia, la aeromancia y la escapulimancia. En el siglo XVI, la Iglesia católica suprimió y combatió activamente la práctica de la quiromancia. Cabe destacar que la quiromancia se menciona en un libro de la Biblia, concretamente en el Libro de Job. Aunque esta referencia es indirecta, demuestra que la quiromancia existe desde hace miles y miles de años, al contrario de lo que mucha gente cree. El arte de la quiromancia no tardó en resurgir en el siglo XVIII, concretamente en 1839, a través de la obra del capitán Casimir Stanislas D'Arpentigny. Esta obra fue una publicación titulada La Chirognomie.

Katharine St. Hill fundó posteriormente la Sociedad Quirológica de Gran Bretaña en Londres en el año 1889. El objetivo de esta sociedad era procurar avances en la quiromancia y hacer de la quiromancia un arte estratégico para que los charlatanes no pudieran abusar de ella. La rama americana de la Sociedad Quirológica se fundó en 1897, ocho años después de la creación de la filial británica.

Una de las figuras destacadas en el estudio de la quiromancia moderna fue William John Warner, un irlandés al que se suele llamar Cheiro. Warner estudió y aprendió quiromancia con gurús indios, tras lo cual estableció un equipo de lectura de manos en Londres. Cheiro se convirtió en un quiromántico muy popular. Tuvo varios clientes de muy alto nivel, entre ellos el escritor Oscar Wilde. La práctica de Cheiro fue fundamental para la difusión de la quiromancia en Gran Bretaña. Incluso personas que no creían en el ocultismo acudían a Cheiro para que les leyera la suerte a través de las manos. En los años siguientes, hubo varios intentos de establecer una base científica para el arte de la lectura de la mano. En la década de 1900, William G. Benham publicó Las leyes de la lectura científica por este mismo motivo.

A pesar de los esfuerzos realizados para suprimir la lectura de manos durante la Edad Media, este arte se ha convertido en una de las prácticas ocultistas más populares para la adivinación. La quiromancia florece en esta estresante época moderna. El ser humano es implacable en su búsqueda de respuestas y de conocer la verdad sobre sí mismo. Una cosa que hay que saber sobre la difusión de la lectura de la mano en todo el mundo es que se han desarrollado muchas variaciones originales de la práctica en diferentes culturas. Esto no significa que las variaciones se diluyan o sean menos efectivas. Las variaciones se deben principalmente a ligeras diferencias culturales. Después de conocer la breve historia de la lectura de la mano, debe entender lo que implica la lectura de la mano en los tiempos modernos.

La lectura de la mano es una forma personal y antigua de adivinación que revela cosas dentro de sí mismo y le informa de lo que puede esperar en su futuro. Como cualquier práctica de esoterismo y ocultismo, la lectura de la mano puede enseñarse de diferentes formas. También es una práctica muy complicada, normalmente más complicada que otras formas de lectura o adivinación, como las lecturas del tarot. La lectura de la mano puede ser complicada, pero esto no significa abiertamente que sea difícil o imposible de aprender. Significa que cualquier persona que quiera aprender este arte debe dedicarse a aprender y comprender las complejidades de la práctica.

La lectura de la mano de una persona consiste en observar las líneas y los montes de sus manos e interpretarlos en función de su tamaño, textura, calidad e intersecciones. En algunas variantes de la lectura de la mano, un quiromántico (alguien que practica la lectura de la mano) también puede observar los dedos, las huellas dactilares, las uñas, el color de la piel, la forma de la palma, los patrones de la piel y la flexibilidad de la mano. Los médicos y psicólogos coinciden en que las manos pueden revelar la verdad sobre la salud, el carácter y los estados mentales de una persona. Aunque la quiromancia se considera generalmente una ciencia y un arte, es más probable entender a una persona si también se tienen habilidades psíquicas básicas. Los dones intuitivos, como la clarividencia, facilitan la lectura de la mano a los psíquicos.

Muchas personas se preguntan a menudo si la quiromancia es tan precisa como otras formas de lectura psíquica. Seguramente usted también tiene esto en mente. Es difícil decir si la lectura de la mano es más precisa que otras formas de lectura. La precisión de la lectura de la mano depende de varios factores. El primer factor es el nivel de habilidad del quiromántico. Cuando practica la quiromancia, no puede esperar que sus lecturas sean tan precisas como las de un quiromántico experimentado que lleva mucho más tiempo que usted. Cuanto más experimentado sea, mayores serán sus posibilidades de obtener una lectura precisa. Para llegar a ser experimentado, es necesario realizar muchas sesiones de práctica y dedicarse a aprender el arte. A menudo, la gente aprende a leer la mano para conseguirlo todo de una vez, pero no funciona así.

Pueden pasar meses hasta que se obtenga una primera lectura precisa. Ahora bien, acertar una lectura es diferente a acertar varias. Para ser consistente, debe practicar con frecuencia. Recuerde que la lectura de la mano es más una habilidad aprendida que una habilidad innata que uno posee. Necesita practicarla como lo haría si estuviera tratando de aprender un nuevo idioma o un nuevo instrumento musical. Cuanto más practique consigo mismo y con otras personas, más mejorará su precisión en la lectura.

El segundo factor que determina la precisión de la lectura de la mano es la edad de la persona que recibe la lectura: las manos envejecen junto con el resto del cuerpo. En los años de juventud, las líneas de las palmas son lo más nítidas posible. Puede verlas claramente, por lo que son más fáciles de leer e interpretar. Pero a medida que envejece, las líneas de la palma de la mano pueden difuminarse con la edad. Algunas también pueden volverse más pronunciadas con la edad. Debido a esto, un quiromántico puede tener dificultades para obtener una lectura precisa de su mano.

Si es un quiromántico, puede que le resulte difícil leer las manos de una persona mayor debido a su edad. Afortunadamente, algunas líneas siguen siendo fáciles de leer independientemente de los cambios de edad. A lo largo de toda la vida de una persona, hay dos líneas principales que no se vuelven difíciles de leer. Descubrirá más sobre estas líneas a medida que continúe leyendo.

Los accidentes también pueden afectar a la precisión de la lectura de las manos. Cualquier accidente que afecte a su mano puede dificultar su capacidad para leer sus propias manos. Naturalmente, las manos de la mayoría de las personas suelen mostrar signos de uso y desgaste. Pero si una persona sufre un accidente que le produce quemaduras o cortes en las manos, se hace difícil obtener lecturas precisas de sus manos. Dependiendo de la gravedad de las quemaduras o los cortes, las lecturas pueden resultar totalmente difíciles. Esto significa que las personas con cicatrices significativas en sus manos son poco probables de conseguir la lectura de la mano. Deben renunciar a la posibilidad porque las posibilidades de obtener lecturas precisas son posiblemente inexistentes.

Hay otros factores que pueden afectar a la precisión de las lecturas de las manos, pero estas son las tres razones más importantes. Para leer la mano propia o la de otra persona, se comienza por la mano derecha. Esta suele ser la mano que más utiliza la gente. Curiosamente, algunas personas sostienen que la mano derecha para leer es la mano dominante. Contextualmente, la mano dominante es la que se utiliza habitualmente para escribir, comer y otras actividades. Se cree que la mano dominante representa la mano consciente, mientras que la otra mano representa el subconsciente. En algunas variantes de la quiromancia, se cree que la otra mano contiene información sobre rasgos hereditarios o la vida pasada de una persona. Depende de las creencias del quiromántico. En la quiromancia, hay que conocer la mano dominante antes de empezar a leer. Saber si una persona es diestra o zurda marcará la diferencia en su lectura. Si no determina esto antes de comenzar la lectura, probablemente terminará con resultados inexactos. La mano dominante refleja la posición de un individuo en sus rasgos y atributos innatos esenciales.

Sin embargo, la mano no dominante le permite conocer la familia del individuo, sus padres, etc. La lectura de la mano no dominante permite saber a qué padre se parece más el sujeto. Y lo que es más importante, la información que se encuentra en la mano dominante de una persona es verificable por lo que se encuentra en su mano no dominante. Lo más probable es que la mano dominante en la mayoría de las personas sea la derecha. Sin embargo, antes de empezar a leer, debería preguntar al sujeto por su mano dominante. Incluso cuando una persona es versátil en el uso de ambas manos, suele tener una que utiliza más.

La mano izquierda está controlada y manejada por el cerebro derecho, que es la parte del cerebro responsable de la comprensión de las relaciones, el reconocimiento de patrones y otras funciones. La mano izquierda representa su ser natural, su ser interior, su ánima y su capacidad de pensamiento lateral. Puede pensar en ella como parte de su desarrollo personal y espiritual. La mano derecha está controlada y dirigida por el hemisferio izquierdo del cerebro, que se encarga del lenguaje, la lógica y la razón. La mano izquierda representa su yo objetivo, su yo exterior, su educación, su entorno social y sus experiencias. También refleja el pensamiento lineal.

En la lectura de la mano, la mano derecha determina el 80 por ciento de la lectura, mientras que la mano izquierda dicta el 20 por ciento restante. En general, un quiromántico se centra en la lectura de la mano derecha y luego suma o resta en función de la información que obtiene de la mano izquierda.

Existe un enfoque científico o sistémico en la lectura de la mano que la mayoría de la gente no conoce. Para saber si un quiromántico es real o un charlatán, se puede hacer esto observando cómo leen las líneas de la palma. Aunque pueda parecer gracioso, algunos quirománticos no entienden la ciencia de la lectura de la mano. Se limitan a mirar intensamente la palma y pretenden recibir alguna revelación. Sus manos se forman en las primeras etapas de gestación. Los investigadores científicos creen que las manos poseen registros fósiles del desarrollo humano temprano. Estos registros pueden utilizarse para obtener información sobre lo que está por venir.

La simetría es una de las cosas clave a observar en la lectura de la mano. Las manos simétricas en las personas pueden indicar rasgos atléticos en las personas. Si un hombre tiene manos simétricas, puede significar que tendrá muchos hijos en su futuro. La anormalidad en las huellas dactilares es otra cosa que importa cuando se adopta un enfoque científico en la lectura de la palma de la mano. Según los investigadores, los hombres tienen más patrones de huellas dactilares anormales que las mujeres. Esto suele deberse a su vulnerabilidad al entorno. Supongamos que un hombre tiene una anormalidad en sus patrones de huellas dactilares. En ese caso, puede indicar condiciones de salud subyacentes como la diabetes o la esquizofrenia. Los dedos sudorosos en las personas indican que es probable que sean adictos a la comida.

La conclusión aquí es que tiene que ser sistémico en su enfoque de la lectura de la mano si quiere ser algo más que otro lector de la mano. Muchas personas ya creen que la lectura de manos no es real o auténtica. Para convencer a los escépticos, tiene que hacerles entender que la quiromancia es tanto una ciencia como un arte, combinando ambos enfoques para mejorar su nivel de precisión.

Antes de pasar al siguiente capítulo, a continuación, se exponen algunas de las preguntas más frecuentes sobre la lectura de la mano y sus respuestas.

Preguntas frecuentes sobre la lectura de la mano

Es natural ser curioso. De hecho, se requiere la curiosidad para ser un lector de la mano preciso. El propósito de la curiosidad es ayudarle a obtener respuestas, lo cual es muy importante. Es comprensible que haya muchas preguntas en torno a la lectura de la mano y la práctica. A menos que realmente entienda la lectura de la mano y lo que implica, será difícil practicar usted mismo o las personas de su entorno. Por lo tanto, para ayudar a su comprensión de la lectura de la mano y cómo puede ayudarle a desbloquear el conocimiento oculto sobre su persona y su futuro, aquí están las respuestas detalladas a cinco de las preguntas más frecuentes sobre la quiromancia.

1. ¿Es la quiromancia un nuevo don psíquico?

En primer lugar, la lectura de la mano es una de las prácticas psíquicas más antiguas de la historia. Ha existido durante miles de años, y no va a ninguna parte. En segundo lugar, me gusta decirle a la gente que la lectura de la mano es una habilidad que cualquiera puede perfeccionar, en lugar de un don psíquico que solo unos pocos poseen. Cuando la gente oye algo como "don", automáticamente asume que es una habilidad que poseen unos pocos elegidos.

Al contrario de lo que nos hicieron creer a través de películas y programas mientras crecíamos, los dones psíquicos no pertenecen a un puñado de personas "especiales". Todos los seres humanos tienen habilidades psíquicas latentes que pueden despertarse mediante la comprensión y la práctica constante. No necesita pagar a un adivino para que le revele su futuro. Puede convertirse en su propio adivino. Aunque aprender por su cuenta puede llevar mucho tiempo, eso no niega que tenga esa capacidad natural para perfeccionarla cuando le apetezca.

2. ¿Por qué son tan importantes las manos?

Todo acerca de su palma de la mano es único para usted, desde los dedos hasta las huellas dactilares. Sus manos y palmas son únicas para usted. Nadie más tiene los mismos dedos, palmas o manos que usted. A simple vista, nuestras manos pueden parecer todas iguales. Pero cuando se echa un vistazo más profundo, se pueden notar los ligeros cambios de tamaño, textura, colores, etc. Los sanadores energéticos generalmente creen que la mano de uno es la extensión de su corazón.

En retrospectiva, el corazón es una extensión del alma y guarda los secretos ocultos en lo más profundo de su alma. Básicamente, siempre se puede saber lo que hay en el corazón de una persona observando su mano (o palma). Es fácil ver que sus manos son, en efecto, una extensión de su corazón. Necesita sus manos para tocar, acariciar, expresar amor, cuidar, abrazar y hacer el amor. Necesita sus manos para dar y recibir. Para herir a otra persona, también necesitará sus manos. La manera en que utiliza sus manos refleja la persona que es en el fondo de su alma y lo que lleva en su corazón.

3. ¿Es la lectura de la mano una ciencia probada?

La lectura de la mano no se originó de la nada en estos tiempos modernos. Es una práctica muy antigua que ha sobrevivido miles de años. Por lo tanto, se puede decir que es algo más que una especulación desinformada como la gente asume. A lo largo de los años, los autores modernos han ampliado los conocimientos de la lectura de la mano.

Con la práctica de la quiromancia, algunos quirománticos utilizan una combinación de psicología, astrología, superstición e intuición, además de pequeños fragmentos de los antiguos conocimientos originales de la lectura de la mano. Esto desacredita la quiromancia para muchas personas. Aunque la intuición es precisa, a veces no es creíble que todo se centre en la lectura de la mano. La lectura en sí no es la parte más importante de la quiromancia; lo es la interpretación. Una cosa es la lectura y otra la interpretación. Sin la comprensión o el conocimiento adecuados, se puede leer correctamente y luego interpretar de forma inexacta.

En respuesta a la pregunta, la lectura de la mano es una ciencia, pero todavía no es una ciencia probada y respaldada por la investigación científica. Pero como he dicho, algunos estudios científicos han puesto de relieve que la mano es realmente una ventana al alma, lo que implica que la quiromancia es muy probablemente una práctica auténtica. Me gusta comparar la ciencia de la quiromancia con la psicología. Aunque hay principios fundamentales sobre los que opera la quiromancia, lo que más importa es el diagnóstico y la experiencia. El diagnóstico es la lectura, y con el tiempo, uno se vuelve más experimentado y versado en la interpretación.

Debo reiterar que existe una base científica para la lectura de la palma de la mano. El número de nervios de las manos, que es escandalosamente enorme, está directamente conectado con las manos.

4. ¿Existe una conexión entre la lectura de la mano y la astrología?

Al contrario de lo que mucha gente piensa, no hay ninguna conexión entre la quiromancia y la astrología. Si hay una conexión, es que ambas prácticas se utilizan para la adivinación y la predicción. Aparte de esto, la quiromancia y la astrología son dos corrientes diferentes de conocimiento esotérico. Pero es posible combinar las lecturas de la quiromancia y la astrología; esto depende del criterio del lector. Puede que los antiguos quirománticos nombraran los montes de las manos con los nombres de los planetas, pero esto no hace que la astrología y la lectura de la mano se entrecrucen. Si desea combinar ambas prácticas, es su prerrogativa.

5. ¿Cuánto tiempo dura la lectura de la mano?

La duración de una sesión de lectura de la mano depende del tipo de lectura que quiera. Para explorarse a sí mismo en profundidad, la lectura de la mano puede llevar mucho tiempo. Pero suponga que solo quiere información sobre sus cualidades y rasgos importantes o sus puntos de destino. En ese caso, la lectura puede ser breve y concisa. La duración de la lectura depende de sus intenciones y de lo que quiera saber.

Estas son cinco de las preguntas más comunes que la gente hace sobre la quiromancia. En el próximo capítulo, hablaremos de los conceptos erróneos más comunes sobre la quiromancia y de los beneficios de esta práctica.

Capítulo 2: Conceptos erróneos comunes sobre la quiromancia

La quiromancia es una de las prácticas psíquicas más famosas, lo que naturalmente significa que también es una de las más incomprendidas. Cuanto más popular y extendida es, más susceptible es de sufrir interpretaciones erróneas e ideas equivocadas. Así, no es de extrañar que la quiromancia sea muy incomprendida, tanto como ciencia como como arte. Durante el Renacimiento, la supresión de la práctica dio lugar a una cultura de miedo y escepticismo en torno a la quiromancia y otros fenómenos psíquicos. Esto creó enormes conceptos erróneos en torno a cualquier tema en el campo psíquico y dio lugar a una desviación de los verdaderos propósitos y procesos de la quiromancia.

Para entender la quiromancia, debe deshacerse de cualquier reserva que pueda tener sobre ella debido a los conceptos erróneos y los mitos. De lo contrario, es posible que no realice todo su potencial de lectura de la palma de la mano. ¿Cómo se puede practicar eficazmente algo en lo que no se cree honestamente?

Uno de los conceptos erróneos más comunes sobre la lectura de la mano es la falsa creencia de que los quirománticos nacen con un don sobrenatural. Los medios de comunicación fomentan esta idea errónea a través de películas, programas de televisión y otros medios. Cuando conoce a un quiromántico y ve lo fácil que es para ellos leer e interpretar sus manos, puede pensar que esto se debe a que nacen con esa habilidad sobrenatural. Puede que no se dé cuenta de que dedican horas a aprender, estudiar y practicar la habilidad. No se convierte en un lector de manos porque haya nacido con el don. Se convierte en un lector de manos a través de la dedicación, la paciencia y la consistencia. La quiromancia y la clarividencia son dos habilidades que van de la mano y, para desarrollarlas, hay que aprender y practicar. Es similar a cómo se aprende a arreglar el fregadero de la casa.

Es comprensible que algunas personas adquieran las habilidades más rápido que otras. Pero esto no significa que hayan nacido con un don mágico o sobrenatural. Depende de la rapidez con la que se aprenda. La quiromancia está más basada en la ciencia que en la magia. Si tiene agudeza para captar detalles, le irá bien en la lectura de la mano, por muy sutil que sea. Recuerde que la práctica se basa en la observación. No necesita magia para convertirse en un gran observador; necesita práctica. Mientras esté dispuesto a ser paciente en el aprendizaje de los diferentes tipos de líneas, montes, separaciones de línea, formas, tamaños, patrones y otros indicadores conectados a patrones cerebrales específicos, será un gran quiromántico.

Otro error común sobre la quiromancia es que puede predecir la muerte. Esto es totalmente falso y escandaloso. Una vez más, se trata de una idea errónea impulsada y promovida por los medios de comunicación. Muchas personas no acuden a las lecturas de la mano porque tienen miedo de que vuelvan con noticias o información sobre su muerte. La quiromancia no puede predecir cuándo y cómo morirá una persona. Se considera erróneamente que la línea de la vida es la que revela la duración de la vida de una persona. Creyendo esto, algunos quirománticos la utilizan para predecir cuándo una persona supuestamente morirá, justificando el miedo que muchas personas ya tienen a la lectura de la mano. La línea de la vida representa su nivel de pasión por la vida, no el tiempo que le queda en la tierra. Esto se discutirá más en el capítulo sobre las líneas.

La quiromancia también se interpreta erróneamente como una práctica que predice con exactitud el futuro. Muchas personas acuden a los quirománticos con la esperanza de que les den una predicción detallada, paso a paso, de cómo será su futuro. Los quirománticos no pueden hacer esto. Un quiromántico no puede decirle lo que va a desayunar mañana, pero mucha gente cree que puede o debería poder hacerlo. Al contrario de lo que mucha gente piensa, el futuro no está predeterminado. Si el futuro no está predeterminado, cualquiera que le diga que puede revelar lo que le ocurrirá dentro de cinco años es un fraude.

Las manos proporcionan una visión de las tendencias de su carácter y su personalidad, no de su destino predeterminado. Se pueden inferir proyecciones sobre el futuro basándose en el patrón de comportamientos que se lee en las manos. Así es como los quirománticos pueden hacer predicciones sobre el futuro. Como los comportamientos pueden cambiar, el "futuro" o el resultado proyectado por un quiromántico también puede cambiar. Un quiromántico experimentado y capacitado puede ayudarle a cambiar los patrones poco útiles. Esto posteriormente mejora o cambia el resultado proyectado de su futuro.

En general, se cree erróneamente que un quiromántico solo debe leer la mano dominante. Algunos también creen que solo se debe leer la mano derecha. Estos son conceptos erróneos que generan inexactitud en las lecturas. Cuando se comienza la lectura de las manos, se encuentra que las líneas de la mano derecha y de la izquierda son diferentes. Con la información errónea sobre la mano que debe leerse, es fácil que un principiante pierda rápidamente el interés por estudiar o practicar la quiromancia. Nadie quiere seguir aprendiendo una habilidad en la que no está avanzando. Hay dos conceptos erróneos principales con respecto a la mano que se debe utilizar para las lecturas.

La primera idea errónea es que la mano izquierda debe leerse para las mujeres, mientras que la mano derecha debe leerse para los hombres. Algunas personas creen esto porque el lado izquierdo del cuerpo es para la feminidad y otras cosas relacionadas. El lado derecho se refiere a la masculinidad. Esto es cierto, pero no afecta a la palma de la mano a utilizar durante una lectura. En segundo lugar, muchos creen que la mano que uno utiliza para escribir debe ser utilizada para la lectura de la mano. Esto no es cierto. El acuerdo general entre los expertos en lectura de la mano es que la mano derecha, que suele ser la mano dominante, se debe utilizar para la lectura, ya que está directamente correlacionada con el cerebro lógico. La mano conectada con el lado lógico de su cerebro revela pensamientos y patrones de comportamiento específicos, lo que significa que es adecuada para las lecturas.

Un punto de debate en la quiromancia es si las líneas de la mano cambian o no. Mucha gente cree que las líneas de la mano no cambian, lo que confunde a los principiantes de la quiromancia. ¿Cómo se pueden obtener lecturas precisas si las líneas de la mano son susceptibles de cambiar? La respuesta a esto se remonta al propósito fundacional de la quiromancia, que muchos siguen malinterpretando hasta la fecha.

La quiromancia no es precisamente el arte o la ciencia de revelar el futuro, como a muchos les gusta creer. El propósito original de la quiromancia es revelar patrones de comportamiento y cómo pueden cambiar con el tiempo. Las líneas de la mano cambian según los cambios en el cerebro; nadie nace con un conjunto permanente de líneas, sino que cambian ocasionalmente. A veces se aclaran y otras veces se oscurecen. Si presta atención a sus líneas, habrá notado que también cambian de dirección. Por ejemplo, si una persona solía ser muy nerviosa, puede aprender a ser más tranquila y equilibrada. Cuando esto sucede, sus líneas de la mano también pueden cambiar en respuesta a los cambios de patrón de comportamiento.

Además, mucha gente cree que la lectura de la mano consiste únicamente en leer las líneas de la mano. Esta es una idea errónea muy popular, y algunos se inician en la quiromancia creyéndolo. Las líneas no son la única característica de su mano o palma. Se puede observar la mano de diferentes maneras. Los quirománticos que saben lo que hacen observarán la longitud, la forma y la textura de los dedos y de la mano antes de llegar a las líneas. También observan rasgos más sutiles, como el espacio entre los dedos.

Si acude a un quiromántico esperando que le dé información sobre cuándo se casará, puede salir decepcionado. Un quiromántico no puede decirle el momento de su matrimonio mirando su mano porque esa información no está disponible allí. Lo que sí puede decirle su mano es sobre sus relaciones. Se pueden ver relaciones fuertes o débiles. Cuando los quirománticos leen sobre las relaciones, no necesariamente tiene que ser sobre las románticas. Las lecturas de relaciones pueden ser sobre cualquier relación cercana. La creencia de que la lectura de la mano puede revelar cuándo y con quién se va a casar uno es otro mito muy extendido.

Por último, la quiromancia no puede aprenderse en unos días o meses. Esperar aprender o dominar el arte de la lectura de la mano en solo unos meses es igual a prepararse para la decepción. Puede llevar años dominarlo. La práctica es un componente crítico en el dominio de la lectura de la mano. Por lo tanto, no se prepare para el fracaso al comenzar su lección con la creencia de que va a dominar cómo leer las palmas en unos pocos meses. Además, recuerde que la lectura de la mano no es algo paranormal. Gracias a los medios de comunicación, mucha gente cree que la lectura de la mano es paranormal. Pero en realidad, es solo un estudio de las manos.

Desacreditar estos mitos comunes y conceptos erróneos sobre la lectura de la mano es muy importante porque le ayuda a usted y a otros nuevos quirománticos a entender en lo que se está metiendo. Recuerde que la comprensión es la clave del aprendizaje. No puede aprender a menos que entienda.

Beneficios de la lectura de la mano

Si la lectura de la mano no puede predecir directamente la fortuna de uno, entonces ¿cuáles son los beneficios? Bueno, puede ganar mucho si aprende el arte de la lectura de la mano. Aunque la lectura de la mano no puede decirle su destino, ya que está grabado en piedra, puede guiarle a realizar cambios que afectarán a su vida de la mejor manera. La quiromancia vincula su pasado con su presente para obtener una visión de lo que puede esperar en su futuro. El principal beneficio de la quiromancia es que le conecta con su ser interior y dedicado. Su mano es el espejo de su alma. Al aprender a leer su mano, puede abrir un camino a su alma para descubrir quién es usted y su propósito en la vida. La tarea de un individuo en la vida es descubrir su propósito y cumplirlo. Eso es precisamente lo que la lectura de la mano ayuda a lograr.

La quiromancia es un medio para viajar a lo más profundo de uno mismo y lograr una verdadera autorrealización. Y, lo que es más importante, también se descubre el poder de uno mismo. A través de la quiromancia puede abordar cuestiones que van desde las relaciones hasta la consecución de sus objetivos futuros y la búsqueda de su camino espiritual.

Su vida, como la de cualquier otra persona en la tierra, está en constante cambio. La vida se mueve continuamente mientras todos soportamos el paso del tiempo. Cada momento de su vida ha quedado grabado en su palma. Por eso, cinco líneas diferentes representan distintos aspectos de la vida, desde el amor hasta el trabajo, la reproducción y la vida misma. La lectura e interpretación de estas líneas puede revelar una enorme información sobre su vida, lo que le llevará a un verdadero autodescubrimiento.

A menudo se dice que nadie le conoce a uno mejor que uno mismo. Esto es cierto hasta cierto punto, pero no es toda la verdad. Uno se ve a sí mismo a través de una lente distorsionada. Puede que crea que es una persona encantadora y amable, pero si se observa un poco más de cerca, sin duda encontrará rasgos que no pueden calificarse de encantadores.

Descubrirá cosas que contradicen todo lo que creía saber de sí mismo. Afortunadamente, su verdadero ser puede ser revelado a través de las palmas de su mano. A través de una lectura de la mano, puede obtener una visión imparcial de su verdadera personalidad. Los amigos pueden mentir o distorsionar la verdad cuando les pregunte qué piensan sobre usted, pero su mano nunca le ocultará la verdad. Es poco probable que un amigo le haga una crítica cien por cien constructiva de su personalidad. Sin embargo, su mano bien puede hacerlo. Su mano le dirá exactamente quién es sin pasar por alto ningún área de su personalidad, por muy indeseable que parezca.

Para conocer sus puntos fuertes y débiles, la quiromancia también puede ayudar a ello. La quiromancia puede ayudarle a conocer lo que le motiva y lo que le frena. Con una lectura precisa, puede descubrir sus puntos fuertes y débiles y cómo influyen en su vida y en las decisiones que toma. Y lo que es más importante, puede identificar sus mejores cualidades y determinar cómo puede utilizarlas para mejorar su vida.

Las decisiones son difíciles de tomar, sobre todo cuando cambian la vida. Pero la toma de decisiones no tiene por qué ser difícil. Tanto si está pensando en dejar su trabajo como en irse a vivir con su pareja, la lectura de la mano puede ayudarle a tomar las decisiones correctas para dirigir su vida hacia el mejor camino. Mediante la lectura de la mano, puede saber la dirección correcta para proceder en sus relaciones, carrera y otras áreas de su vida.

La lectura de la mano no le señalará la decisión o la solución. Sin embargo, le dará una idea de lo que está por delante de cualquier camino que desee elegir. Si descubre que el camino es el equivocado, puede cambiar fácilmente su decisión y seguir el camino correcto. Cuando conozca la dirección correcta que debe seguir, significa que está en el camino de descubrir el propósito de su vida. Puede descubrir la trayectoria profesional perfecta para usted. ¿En qué campo es más probable que tenga éxito? Esta es una pregunta a la que puede dar respuesta a través de la lectura de la mano.

La quiromancia puede ayudarle a entender por qué está aquí en la tierra. Como todo el mundo, tiene algo que hacer en esta tierra. Pero no todo el mundo sabe cuál es ese propósito. A menos que tome medidas activas para descubrir el propósito de su vida, es posible que no se dé cuenta de lo que es. Determinar el propósito de la vida es una de las cosas más difíciles de hacer como ser humano. Es difícil averiguar cuál es su destino en la tierra. Afortunadamente, una lectura de la mano puede ser su clave para saber lo que es.

Otros beneficios de la lectura de la mano

- Puede ayudar a descubrir recuerdos de vidas pasadas y cómo se relacionan con su presente y futuro.
- A través de la lectura de la mano, puede liberar su lado creativo y optimizar su productividad y rendimiento.
- Puede despertar su mente y ponerle en el camino del despertar espiritual y la iluminación.

La quiromancia puede utilizarse para abordar y resolver problemas en todos los aspectos de la vida. Algunas cosas en las que se centra la lectura de la mano son los objetivos futuros de un individuo y sus elecciones con respecto a las emociones. Si quiere un arte que le ayude con su carrera, relaciones, finanzas y otras cosas vitales, ¡la quiromancia es la elección correcta!

Capítulo 3: Derecha o izquierda: ¿qué mano leer?

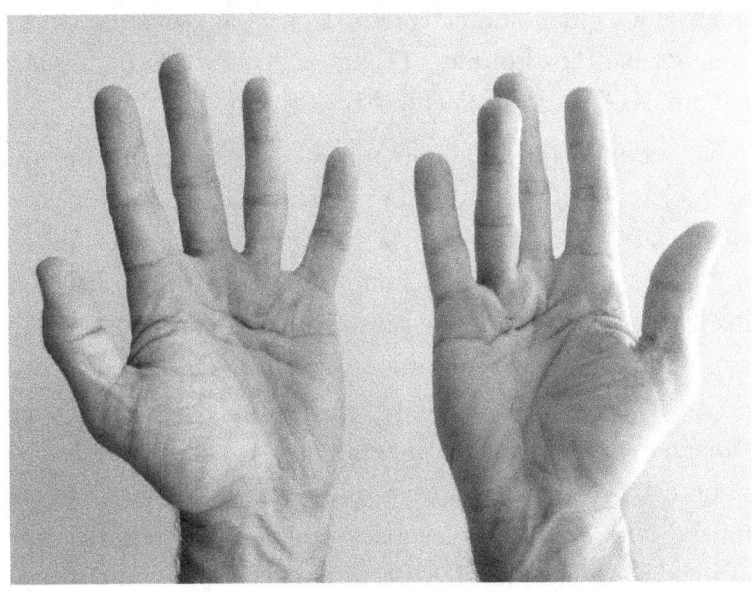

"¿Qué mano leo en la lectura de manos?"

Esta es una de las preguntas más debatidas en la lectura de manos. Aunque lo he explicado brevemente en el capítulo anterior, discutirlo más detalladamente es vital para que comprenda la lectura de la mano. La mano es lo más importante en la lectura de manos. Sin la mano, la lectura no puede tener lugar. Tan importante como la mano es en la lectura, la lectura de la mano derecha es aún más crítica. En este contexto, la mano correcta puede referirse a la mano derecha o a la izquierda, dependiendo de la variante de quiromancia que utilice el quiromántico.

Hay una especie de disonancia entre las formas antiguas y de la Nueva Era de la lectura de la mano. Ambas están divididas en cuanto a la mano que se debe leer y la que se debe excluir durante la lectura de la mano. Algunos quirománticos creen que la mano derecha debe ser leída para los hombres y la izquierda para las mujeres. Así es como se realiza la lectura en la India, donde la mano izquierda representa a la diosa Shiva y la derecha, a la consorte masculina de Shiva, Shakti. En la variante china de la quiromancia, sin embargo, es lo contrario. La quiromancia china considera que la mano derecha debe leerse para las mujeres (Yin) y la izquierda para los hombres (Yang). Esto no hace que la técnica india sea más efectiva que la china, o viceversa.

Una cosa en la que generalmente se está de acuerdo es que la mano que se utiliza para la lectura marca una gran diferencia en la quiromancia. Otra cosa en la que los quirománticos están generalmente de acuerdo es que ambas manos deben ser utilizadas en una lectura. Así que, como quiromántico, nunca se equivoque al leer solo una mano. No importa si la mano que lee es la correcta para leer, habrá inconsistencias en su lectura. Cualquier quiromántico experimentado entiende la esencia de la lectura de la mano derecha y la izquierda y sus diferencias de lectura. Hay varias diferencias en la lectura de las manos derecha e izquierda, basadas en las muchas variaciones de la lectura de la mano. Sin embargo, la única diferencia que importa es la que muestran a un quiromántico.

En general, los quirománticos están de acuerdo en que la mano que se lee en quiromancia determina lo que se revela a un quiromántico. Esto significa que la lectura de la mano no tiene que ver con la mano derecha frente a la izquierda. Entonces la diferencia se basa en la dominancia de la mano; usted canaliza su energía a través de la mano que más utiliza. No es aconsejable hacer suposiciones sobre la mano cuando se hace una lectura. Por ejemplo, para hacer una lectura a un amigo, lo mejor es preguntarle por su mano dominante y su mano pasiva. La mano dominante representa la persona externa de una persona, que revela a sus amigos, colegas y seres queridos. Su persona del mundo exterior es con la que interactúan las personas de su entorno cada día. La mano activa permite saber cómo se relaciona con el mundo y cómo lo percibe el mundo.

Pero su mano pasiva representa su yo interior, la parte de usted que solo revela a los más allegados. Esta es la parte de sí mismo que sale a relucir cuando está solo. Es quien se siente cuando está a solas consigo mismo.

¿Qué pasa si utiliza la mano derecha y la izquierda por igual?

Esto significa que es ambidiestro. Los ambidiestros son más difíciles de leer para los quirománticos. Para determinar qué mano leer en una persona ambidiestra, hay que comprobar solo la fuerza de sus pulgares en ambas manos; la mano que tenga el pulgar más robusto es la dominante. Independientemente de que uno utilice ambas manos con destreza, siempre habrá una más dominante que la otra. Ahora bien, si se hace la lectura desde el punto de vista de la mano izquierda o de la derecha, ambas darán una visión diferente. Tanto la mano izquierda como la derecha se centran en dos versiones de sí mismo: lo que es y lo que será/puede ser.

La mano izquierda se asocia a menudo con lo que podría/sería, más que *con lo que es* actualmente. La mano izquierda puede dar una idea de las oportunidades con las que ha nacido. Por ejemplo, si se lee la mano izquierda de una persona, se puede saber si tiene un origen rico. La mano izquierda revela información sobre la familia, los antecedentes y las oportunidades con las que ha nacido una persona. También puede revelar información sobre el potencial de una persona. Todos los seres humanos nacen con un potencial, grande o pequeño, pero solo la mano derecha puede revelar lo que se puede lograr con su potencial, es decir, lo que será si pone ese potencial a trabajar. Por tanto, la mano izquierda solo revela lo que podría ser. La mano izquierda también puede proporcionar una visión de su personalidad y carácter. La mano pasiva también puede hacerlo, ya sea la izquierda o la derecha. Como la mano izquierda es pasiva y está menos orientada a la acción en la mayoría de las personas, puede exponer sus miedos, rarezas y cualidades admirables.

La mano derecha es la mano dominante en la mayoría de las personas, lo que significa que se utiliza para realizar muchas actividades de la vida diaria. Esto también significa que la mano derecha lleva la mayor energía basada en la acción. En la quiromancia, la mano derecha revela información sobre lo que hace con su potencial. Le dice lo que es. Puede mostrarle lo que hizo para maximizar su potencial o dónde se quedó corto de ese potencial. Su mano derecha también puede decirle su destino o la probabilidad de que cumpla ese destino. También puede revelar su propósito. Y lo que es más importante, su mano derecha puede proporcionarle una visión amplia de su vida actual, de las acciones que está llevando a cabo y de cómo estas pueden dar forma a su futuro. Esto es lo que algunos confunden con la predicción del futuro.

Esencialmente, lo más crucial en la lectura de la palma de la mano es leer ambas manos. Leer solo una mano es como ver una película a medias; nunca podrá llegar a conocer toda la historia o el desenlace. Al leer exclusivamente una mano, está dejando de lado información importante que puede afectar a su interpretación. Lo mejor es leer ambas manos para obtener diferentes detalles y tenerlos en cuenta a la hora de hacer su interpretación. Por ejemplo, si hace una lectura exclusiva de la mano derecha, podría descubrir que está a punto de experimentar un cambio de carrera. Si no lee la otra mano, no sabrá el motivo del cambio de carrera. Si lee las dos manos, podría descubrir que el cambio de carrera es el resultado de una nueva oportunidad de la que ha tenido conocimiento.

Para decirlo más brevemente, una mejor comprensión de quién es y quién podría ser solo se puede lograr a través de lecturas de doble mano. Al leer tanto su mano izquierda como su mano derecha, o su mano dominante y su mano pasiva, entenderá su potencial, a dónde le puede llevar y, lo que es más importante, cómo puede utilizar su potencial para mejorar su vida.

Debo señalar que hay casos en los que las lecturas de una sola mano pueden ser ideales. Por ejemplo, si solo quiere echar un vistazo rápido a sus rasgos de personalidad, una lectura de una sola mano puede hacer eso por usted. Puede obtener esta información leyendo solo su mano izquierda. Es poco probable que necesite una lectura de la mano derecha a menos que quiera orientación sobre qué cambios de personalidad hacer. Una cosa más para tener en cuenta en la lectura es que puede cambiar sus estilos de lectura dependiendo de la mano que esté leyendo.

Supersticiones que influyen en la elección de la mano en la lectura de la palma de la mano

Solía haber muchas creencias supersticiosas sobre qué mano utilizar en la lectura de la mano. Desafortunadamente, aunque la mayoría de estas supersticiones ya no existen, muchos quirománticos tradicionales todavía las utilizan para determinar qué mano leer. Algunos quirománticos creen que la elección de la mano en la lectura debe basarse en el sexo de la persona. Algunos creen que la edad es determinante en la elección de la mano para la lectura. Otros creen que la suerte, la precisión y los cambios de línea juegan un papel determinante en qué mano leer. Suponga que quiere llevar el uso de sus conocimientos de lectura de la mano más allá de sí mismo. En ese caso, debe comprender el razonamiento que hay detrás de estas supersticiones.

En el pasado, el género se utilizaba a menudo para determinar qué mano leer, aunque no suponga ninguna diferencia real. Los quirománticos tradicionales prefieren leer la mano izquierda de las mujeres y la derecha de los hombres. A veces, descartan la lectura de la otra mano, basándose en esta creencia. Esta creencia se debía entonces a que la mano derecha es la mano dominante y activa en la mayoría de las personas. Los hombres solían ser los que tenían la carrera y el poder económico, y como resultado, los quirománticos solían leer su mano derecha.

Por el contrario, las mujeres eran más pasivas, con menos opciones profesionales y poco o ningún poder económico. Por eso, los quirománticos europeos tradicionales no tenían en cuenta la lectura de la mano derecha de las mujeres. En cambio, se centraban en su mano izquierda para descubrir más sobre sus rasgos de personalidad. A medida que los derechos de las mujeres se ampliaron, los lectores adoptaron un enfoque más igualitario en la lectura de la mano. Aun así, algunos quirománticos se aferran a esta técnica en relación con las tradiciones.

Otra creencia que afectó a la elección de la mano en la lectura de la palma de la mano es que la mano derecha debe leerse para las personas mayores de 30 años, mientras que la mano izquierda se lee para las personas menores de 30 años. Esta creencia se debía a que la lectura de la mano derecha revela lo que uno llega a ser como adulto. Los quirománticos creían entonces que la lectura de la mano derecha para personas menores de 30 años revelaría demasiada información o, a veces, divulgaría información inexacta. Afortunadamente, esta creencia no es común entre los quirománticos modernos, ya que su validez ha sido desestimada a lo largo de los años. Se pueden encontrar logros y cambios en la mano derecha de cualquier persona, incluso de los niños. No hay límite de edad para los logros; por lo tanto, la edad no debería afectar a la mano que se utiliza para la lectura.

Los quirománticos tradicionales solían creer que la suerte juega un papel en la elección de la mano para la lectura de la mano. La mano izquierda solía asociarse con la mala suerte. De hecho, la palabra siniestra tiene su origen en la palabra latina para "izquierda". Ser zurdo solía ser una forma de estigma para mucha gente en aquellos tiempos. Si era zurdo, se creía automáticamente que traía mala suerte. Por eso, los quirománticos solían evitar leer la mano izquierda porque no querían provocar mala suerte para ellos. Aunque esta creencia es casi inexistente, muchos quirománticos todavía la utilizan como excusa para no leer las dos manos durante una sesión de quiromancia.

La conclusión es que no importa qué mano se lea si se leen ambas manos en una sesión de quiromancia. No se puede leer una mano sin la otra. Si desea desentrañar la verdad sobre su vida, debe leer ambas manos. Leer cada mano individualmente es la clave para descubrir sus cualidades únicas. Pero la lectura de las dos manos es crucial para interpretar lo que aprende por separado de ambas manos para llegar a un resultado saludable.

Ahora que ya sabe qué mano (o ambas) debe utilizar en la lectura de la mano, veamos cómo leer las manos según su tamaño y forma.

Capítulo 4: Cómo leer el tamaño y la forma de las manos

El tamaño y la forma de sus manos dicen más sobre su persona de lo que usted mismo sabe. El tamaño de su mano revela mucho sobre su personalidad de forma explícita. Si está comenzando en la lectura de la mano, el tamaño de la mano es una de las cosas más fáciles de aprender y practicar desde el principio. Por eso le enseño la lectura real con el tamaño de la mano. El tamaño de la mano de una persona puede ser pequeño o grande. Pero antes de profundizar en lo que significa una mano pequeña y en lo que representan las manos grandes, primero necesita saber qué determina una mano grande o pequeña. ¿Cómo puede saber si su mano es pequeña o grande?

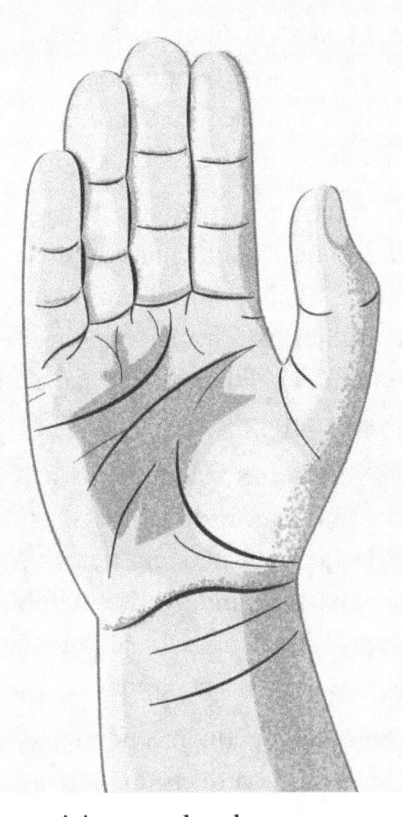

Es fácil hacer suposiciones sobre las manos pequeñas y grandes. Al principio, puede pensar que sí. Si tiene en cuenta que las personas de baja estatura suelen tener las manos más pequeñas que las más altas, y que los adultos suelen tener las manos más grandes que los niños, se dará cuenta de que la respuesta no es tan sencilla ni obvia. Para determinar el tamaño de su mano y si es pequeña o grande, tiene que medirla en relación con las proporciones de su cuerpo. No puede obtener el tamaño correcto de su mano si la mide en relación con otras personas. No importa que su mano parezca más pequeña al lado de la de otra persona.

Una forma fácil de medir el tamaño de su mano con precisión es sostener la mano recta frente a su cara, dejando que la base de la palma descanse sobre su barbilla. Los dedos deben estar orientados hacia arriba. Deje que la mano esté recta y trate de no curvarla alrededor de su nariz. Si su nariz le impide mantener la mano recta, deje algo de espacio entre la mano y la cara. Si tiene una mano grande, verá que su mano se extiende más allá del punto medio de su frente. Cuanto más grande sea su mano, más se estira por encima del punto medio.

Por el contrario, una mano pequeña llega justo por debajo del punto medio de la frente. Cuanto más pequeña sea su mano, más lejos estará del punto medio. Supongamos que la mano llega al punto medio de la frente. Esto implica que es de tamaño medio, y probablemente combina cualidades destacadas tanto de las manos pequeñas como de las grandes.

Las manos de las personas son relativas a su tamaño corporal. Pero hay personas con tamaños de manos desproporcionados. Por lo tanto, el hecho de que una persona tenga un cuerpo grande no significa que tenga manos grandes. Esto también se aplica a las personas con cuerpos pequeños. Una persona puede tener un cuerpo pequeño y unas manos algo grandes.

Las personas con manos pequeñas tienden a mirar el panorama general a la hora de tomar una decisión. Cuanto más pequeña es la mano, más probable es que se tenga en cuenta el panorama general a la hora de tomar cualquier decisión. Las manos pequeñas significan que presta poca atención a los pequeños detalles; se centra en los detalles críticos. Esto significa que no aprecia los detalles que pueden ayudar a descomponer un problema en partes más pequeñas. Las personas con manos pequeñas tratan de resolver un problema en su totalidad en lugar de hacerlo por partes. Son la definición de "todo o nada".

Además, las personas de manos pequeñas tienden a trabajar en campos prácticos y creativos. Es más probable que una persona con manos pequeñas sea gerente de ventas que una persona con manos grandes. También delegan el trabajo en varias personas en lugar de participar ellos mismos en ese proceso. Quieren ver el progreso de varios esfuerzos a la vez, por lo que prefieren no ser ellos los que se ocupen de un problema en pequeños y profundos pasos. Esto se debe a que ocuparse de las cosas por su cuenta les exige prestar atención a los detalles intrincados. Por muy ingeniosos que sean los de manos pequeñas, estos prefieren trabajar entre bastidores sin buscar el reconocimiento por lo que hacen.

A las personas de manos pequeñas puede que no les guste resolver los problemas por pasos y prestar atención a los pequeños detalles porque son propensos a pensar rápido. Por ello, les gusta hacer las cosas de forma rápida y ágil. Resolver un problema por pasos prestando atención a los pequeños detalles es un proceso largo que lleva bastante tiempo, y por eso a las personas de manos pequeñas no les gusta hacerlo. Este proceso es más adecuado para las personas que se toman su tiempo para resolver un problema o atender una necesidad.

Si tiene las manos pequeñas, es probable que tome las decisiones con rapidez. No le gusta reflexionar sobre las cosas. En su lugar, lo hace rápidamente y acaba con ello. Esto puede hacer que actúe de forma impulsiva o que corra riesgos sin analizar primero todos los detalles. También es posible que prefiera una vida ajetreada y situaciones sociales complicadas en las que todo sea rápido debido a que es un pensador rápido. Se desempeña mejor cuando las cosas están ocupadas y tienen un ritmo rápido.

Cuanto más grande es la mano de una persona, más le gusta entrar en todos los detalles. A las personas de manos grandes les resulta agradable y satisfactorio prestar atención a los detalles, por pequeños que sean. Y lo que es más importante, prefieren hacer las cosas por su cuenta en lugar de delegar en otros. Esta atención a los detalles hace que se den cuenta de los problemas más rápidamente que los demás. También les hace ser más críticos que las personas de manos pequeñas.

Independientemente del género, las personas de manos grandes tienden a centrarse en una sola cosa a la vez. No pueden involucrarse en varios procesos simultáneamente. Para resolver un problema, consideran cuidadosamente todos los hechos y cifras antes de llegar a una conclusión o utilizar el resultado para decidir. Debido a su necesidad de considerar todos los detalles, la toma de decisiones es un proceso relativamente largo y lento para ellos. Lento y constante es la mejor manera de describir a una persona de manos grandes. Lo negativo de prestar atención a todos los detalles es que una persona de manos grandes puede perderse en ellos. A menudo no ven el panorama general. Por ello, necesitan a alguien en su vida que les recuerde regularmente la perspectiva más amplia.

En la lectura de la mano, el tamaño de la mano se asocia con el elemento tierra. Cuanto más grandes sean las manos, más elemento tierra se tiene en ellas. Como se verá en un capítulo posterior, el elemento tierra hace que las personas sean firmes y tengan los pies en la tierra. Por lo tanto, las personas con manos grandes tienden a tener esas cualidades que definen la estabilidad. Incluso en situaciones sociales, tienden a ser observadores, pacientes y reflexivos.

Cuando se hace una lectura, no se pueden sacar conclusiones leyendo solo el tamaño de la mano. Hay que tener en cuenta el tamaño en relación con la forma y otras cosas como la longitud de los dedos. Es común que los quirománticos vean a una persona de manos pequeñas con otros rasgos de la mano que solo los hacen potencialmente impulsivos. En este caso, pueden ser menos impulsivos y más analíticos en determinadas situaciones. Por ejemplo, suponga que hace una lectura de una persona de manos pequeñas. Obtiene un signo que muestra que son impulsivos y otros dos signos que implican que son pensadores cautelosos. Esto podría significar que, en general, son pensadores cautelosos, pero a menudo tienen momentos de pensamiento rápido e impulsividad.

Una de las cosas más importantes para tener en cuenta al analizar las manos pequeñas o grandes es la forma de la mano. La forma de la mano determina el tipo de mano que tiene una persona. A continuación, se indican los tipos de mano que se pueden encontrar al realizar lecturas de la mano.

Tipos de manos

Al igual que su cara es única para usted, su mano también lo es. No hay dos personas que tengan las mismas manos. Aunque a primera vista todas las manos parezcan iguales, descubrirá que las manos de las personas no son idénticas. Aun así, para ayudarle a entender las manos, los quirománticos experimentados han clasificado la mano humana en siete tipos. Esto ayuda a una mejor clasificación y análisis cuando se hacen lecturas de la mano.

Nota: En la quiromancia, las manos se clasifican en función del tamaño, la forma, los elementos, etc. La siguiente clasificación se basa en las formas de las manos. En un capítulo posterior, hablaremos de los tipos de manos según los elementos. Recuerde que estos elementos están interrelacionados. A continuación, se muestra un cuadro con ilustraciones del tipo de manos.

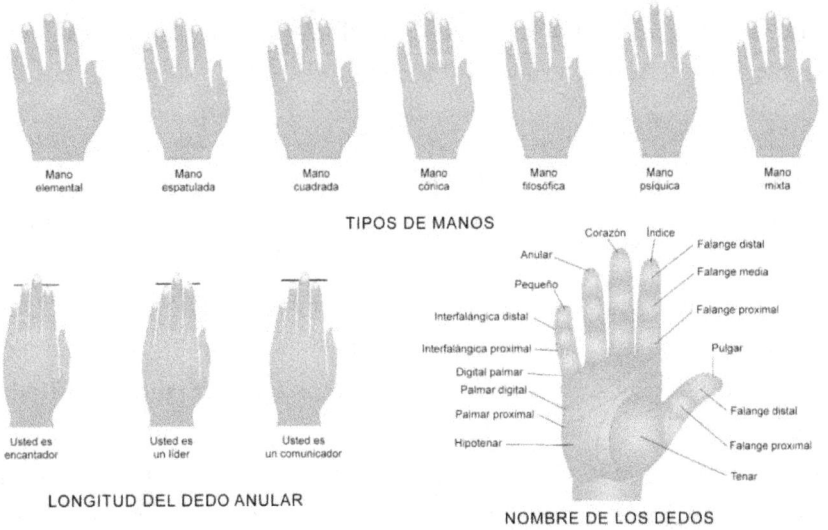

Mano elemental

Las manos elementales suelen tener una textura gruesa y los dedos parecen cortos y rechonchos. Esto les da un aspecto de mano zamba. Las uñas suelen ser anchas y las puntas de los dedos son algo cuadradas. La mano elemental es la que se suele encontrar en las personas que pertenecen a la clase obrera. Es la mano que se ve cuando se hace una lectura de un trabajador manual. Las líneas de la mano pueden ser difíciles de leer porque se pierden en la tosquedad de la mano. Puede resultar difícil detectar las líneas distintivas, pero suelen ser cortas y rectas cuando se ve una línea. Los individuos de este tipo tienden a ser trabajadores y obstinados. Al contrario de lo que se espera, suelen amar su trabajo porque les hace realmente felices. Sus manos reflejan los años de duro trabajo que han realizado a lo largo de su vida.

Una persona con manos elementales también puede tener un color de manos pálido y una textura de piel áspera. Esta persona puede ser temperamental, carente de emociones, antipática y de pensamiento lento. Rara vez piensan mucho en el futuro. Además, son más resistentes al dolor que cualquier otra mano. Tenga en cuenta que las manos elementales también tienen tendencia a ser grandes. Sin embargo, a veces se puede encontrar una persona con manos pequeñas y elementales a la vez.

Mano cuadrada

La mano cuadrada parece naturalmente un cuadrado. Se puede distinguir una mano cuadrada por la misma longitud de la palma y los dedos. A veces, la base de la palma y las puntas de los dedos parecen casi iguales. Los pulgares son de tamaño moderado y están bien colocados. Las uñas de una mano cuadrada también parecen un cuadrado, más o menos. Una persona con manos cuadradas suele tener las manos más pequeñas en comparación con el resto del cuerpo. La textura de la piel de una mano cuadrada es gruesa, áspera y rugosa. Supongamos que tiene manos cuadradas. Tiene una vida cómoda y realista. También tiene propensión a los detalles más pequeños cuando resuelve un problema o analiza una condición.

Una persona de manos cuadradas es más propensa a trabajar en el campo de los negocios que en cualquier otro campo. Son hombres y mujeres de negocios con mucho éxito. Esto se debe principalmente a su carácter social y extrovertido. Pero su tendencia a ser sociales y extrovertidos también los hace propensos a la volatilidad. Si tiene las manos cuadradas, eso significa:

- Mira el lado práctico de las cosas más a menudo que al contrario.
- No es de los que sueñan despiertos con las cosas. En lugar de eso, actúa y consigue lo que quiere que se haga.
- Es más lógico que emocional a la hora de tomar una decisión.
- Es muy estratégico.
- No le gusta hacer las cosas con prisa. Le gusta tomarse su tiempo.

Mano cónica

Este tipo de mano también puede denominarse mano artística. Por su nombre, se puede decir que esta mano parece un cono. Los dedos de la mano cónica son cónicos. La textura de esta mano suele ser suave y carnosa. El hecho de que una persona tenga manos artísticas no significa que se dedique al campo artístico. Las manos cónicas pertenecen a personas muy creativas, imaginativas y artísticas. Los quiromànticos la llaman mano artística porque las personas con esta mano tienden a disfrutar de las cosas artísticas, como las pinturas, los dibujos, los colores, la música y la naturaleza.

Una persona con mano cónica puede ser muy emocional, casi hasta el punto de la volatilidad. Además, puede ser indolente y perezosa. Para que una persona de mano cónica logre el éxito y el crecimiento en la vida, es crucial mantener la pereza bajo control. De lo contrario, puede convertirse en un obstáculo en su camino hacia el éxito. Las personas de manos cónicas suelen tener éxito como profesores, políticos, oradores, artistas, etc.

Pero no es aconsejable sacar conclusiones solo mirando la forma de la mano. Al leer una mano cónica, hay que leer la línea de la cabeza y observar el pulgar en profundidad para obtener una precisión más rotunda.

Mano espatulada

La mano espatulada tiene una forma y un aspecto irregulares. Suele tener un aspecto torcido con grandes almohadillas en las puntas de los dedos. Otro nombre para la mano espatulada es el de mano nerviosa activa. Por lo general, las manos espatuladas tienen las puntas de los dedos macizas. Por su nombre, esta mano se parece a una espátula. Aunque los dedos se estrechan como una mano cónica, la base de la palma suele ser más ancha. El pulgar también es ancho y grande. La raíz de los dedos es más ancha que la muñeca, o la muñeca es más ancha que la raíz de los dedos. Puede ser en ambos sentidos. Las personas con manos espatuladas tienen una enorme cantidad de energía y fuerza. No pueden mantener sus manos quietas porque frecuentemente necesitan estar canalizando esa energía hacia algo. Esta es una de las razones por las que también se llama mano nerviosa activa.

Si tiene la mano espatulada, le encanta inventar y descubrir. Es innovador y pone a trabajar mucho su imaginación. También tiene una necesidad constante de conocimiento, por lo que le gusta leer libros y buscar conocimientos a través de otras fuentes. Tener una mano espatulada significa que es agitado e inquieto por naturaleza. Esta inquietud también puede indicar entusiasmo por alcanzar sus objetivos. También significa que se arriesga sin considerar todos los ángulos posibles. Debido a la mayor anchura de la muñeca, las manos de espátula significan que es impulsivo. Las raíces más anchas de los dedos representan la practicidad en todo lo que hace.

Si tiene manos espatuladas, es probable que tenga éxito en campos que requieren innovación e invención. Será un gran inventor, explorador, navegante o ingeniero.

Mano filosófica

Las manos filosóficas tienen un aspecto largo, delgado y huesudo, junto con articulaciones nudosas. Suelen tener un aspecto anguloso. Una regla general de la quiromancia es que las personas con manos filosóficas son personas estudiosas. Tienen una excelente afinidad con la literatura y consumen libros con voracidad. Una persona con mano filosófica prefiere dedicar su tiempo a la lectura que a pasar tiempo con los amigos.

Por esta razón, pueden llevar una vida solitaria y ascética. A la mayoría de las personas con mano filosófica les gusta el trabajo sedentario, lo que significa que suelen dedicarse a actividades religiosas, espirituales y filosóficas. Quienes contribuyen a la ciencia, la filosofía, el arte, el ocultismo, la alquimia y otros campos similares suelen poseer manos filosóficas. En esta época moderna, se puede reconocer a una persona así por su estilo de vida mecánico.

Para identificar una mano filosófica, busque una base de aspecto cuadrado o angular y dedos nudosos. Una persona con este tipo de mano es eficiente y se deja llevar por la investigación. Tienen sed de saber, por lo que suelen crear nuevas teorías científicas, artísticas y literarias. Esto se debe a su naturaleza estudiosa y práctica. Una cosa sobre la mano filosófica es que muy raramente indica éxito material. Además, las personas con manos filosóficas tienen dificultades para acumular dinero, aunque pueden parecer materialistas. Las personas con mano filosófica son mentalmente dotadas.

Mano psíquica

También se denomina mano idealista. Al igual que la mano filosófica, la mano psíquica es larga y delgada. Pero a diferencia de la mano filosófica, la mano psíquica suele tener las articulaciones lisas. La palma de la mano es fina y estrecha, con un aspecto pálido y suave. En esta mano, encontrará diferentes líneas a lo largo de la superficie. Estas líneas significan los canales espirituales que la persona tomará en el camino de su vida. La conexión con las energías y los canales espirituales hace que las personas con mano psíquica sean idealistas. No se preocupan por el éxito material y los logros mundanos. Puede parecer que tienen menos éxito en la vida.

Una persona con mano psíquica puede adoptar un enfoque más espiritual de los asuntos porque no piensa de forma práctica. Pero también son imaginativos, contemplativos y pacientes. Por último, tienen grandes esperanzas en sí mismos, especialmente en cuestiones espirituales.

El tamaño y la forma de la mano son fundamentales en la lectura de la mano, pero no son los únicos aspectos en los que hay que fijarse. A continuación, hablaremos de la textura y el color de la mano y de lo que representan en la lectura e interpretación.

Capítulo 5: Textura y color

Muchos quirománticos se dirigen directamente a las líneas de la mano durante una sesión de lectura de la mano porque creen que es ahí donde se encuentra la respuesta. Pero no se puede obtener una lectura precisa a menos que se tengan en cuenta otras cosas. La textura de la piel y el color de la palma de la mano son dos de las cosas más esenciales que pueden darle información crítica sobre el carácter, la energía y la fuerza de una persona.

Por lo tanto, antes de proceder a las líneas de la mano, es necesario echar una mirada profunda y crítica a la textura, la consistencia, el color y la flexibilidad de la mano. Observando estos aspectos se puede obtener una comprensión completa de la composición de una persona. En más de un sentido, estos factores pueden influir en su interpretación de lo que lee. Por ejemplo, hay una diferencia entre cómo afecta a la salud la piel delicada y la piel gruesa.

La textura es lo primero que quiero explicar en profundidad porque afecta al color y la consistencia de la mano. La textura se refiere al tacto de la piel. Cuando se toca la mano, ¿cómo la siente? ¿Se siente áspera o suave? La textura es la clave para conocer su refinamiento natural. Si su piel tiene una textura suave y delicada, significa que es una persona sensible. Todo lo que hace está influenciado por la calidad del refinamiento de la textura de su piel. La calidad de la textura de la piel puede estimar el carácter y la salud. Para determinar la textura, tiene que frotar su mano sobre la piel del dorso de la mano.

- **Ligeramente suave**

La textura de la piel puede ser ligeramente suave. Se trata de un punto intermedio entre la suavidad y la aspereza. Cuando alguien tiene la piel ligeramente suave, significa que la textura es media. La textura media de la piel se encuentra a menudo en las mujeres. Esta textura de la piel no es tan suave como para sentirse sedosa. Se pueden ver crestas relativamente visibles cuando se observa la textura. Es más, se siente como papel cuando se frota sobre ella. La piel ligeramente suave representa una cantidad moderada de sensibilidad y energía. Las personas con este tipo de piel suelen ser receptivas, con unas habilidades sociales y de conversación bastante buenas. Es probable que esta textura se encuentre en médicos, abogados o trabajadores de oficina.

- **Ligeramente gruesa**

La textura también puede ser ligeramente gruesa, lo que significa que se inclina más hacia la tosquedad que hacia la suavidad. Una textura de piel ligeramente gruesa muestra crestas algo visibles en la palma de la mano y en las huellas dactilares. Es casi similar a la textura ligeramente suave, pero se siente un poco más áspera que el papel. Encontrará este tipo de piel en individuos que son física y mentalmente vitales hasta un punto razonable. Pero no son especialmente sensibles ni refinados. Las personas de este tipo están motivadas, son trabajadoras, activas, deportistas y tienen una buena base.

- **Piel fina**

La piel fina es otra textura que puede encontrar en las personas. Este tipo de piel viene con líneas más delicadas que otras. Notará una línea fina dispersa por todo el cuerpo con crestas casi invisibles en la palma de la mano. La palma de la mano puede parecer transparente con venas y manchas a la vista. Una persona con la piel fina es menos vibrante debido a la falta de energía física suficiente. También tienen una mayor sensibilidad física y fisiológica. No soportan bien las críticas. También resultan ser impulsivos e impacientes.

- **Suave y delicada**

La textura de la piel suave y delicada rara vez tiene crestas y huellas visibles. No es fácil distinguir las crestas cuando se lee una mano suave y delicada. Por lo tanto, hay que ser agudo y observador para asegurarse de que no se pasa nada por alto. La palma de la mano de una piel suave es como la seda al tacto. También está cubierta de varias líneas finas. Es la piel más refinada y sensible. Las personas con este tipo de piel tienen una naturaleza suave, receptiva e introspectiva. Suelen ser silenciosas porque prefieren pensar en las cosas antes que participar en cotilleos y conversaciones innecesarias.

- **Piel rugosa**

La piel rugosa también se llama piel áspera. Es el tipo de piel con crestas hipervisibles. A menudo viene con líneas significativas en la palma de la mano. Es más probable encontrar este tipo de piel en un hombre que en una mujer. Cuando toque esta piel, no se sorprenda de que se sienta como papel de lija. La piel rugosa suele ser abrasiva y dura al tacto. Las personas de piel rugosa son menos sensibles. Pueden no ser sensibles. Suelen tener dificultades con la empatía.

Las personas de piel áspera pueden preferir llevar un estilo de vida al aire libre. Prefieren estar en contacto con la naturaleza que estar encerrados en espacios cerrados durante mucho tiempo. Suelen encontrar profesiones que implican trabajo duro y manual, por lo que este tipo de piel se encuentra sobre todo en constructores, agricultores y mecánicos. Si una persona con piel áspera no pertenece a la clase laboral, esto puede representar estrés a largo plazo.

- **Piel gruesa**

Algunos quirománticos confunden la piel gruesa con la piel áspera. Algunos creen que son lo mismo, pero la piel gruesa difiere de la piel áspera. A diferencia de la piel áspera, la piel gruesa presenta líneas visibles y profundas. También se pueden ver las crestas y las huellas dactilares cuando se mira la piel. Tenga en cuenta que la piel gruesa puede ser áspera o suave, dependiendo de la persona. Pero, por lo general, las personas de piel gruesa son sanas, enérgicas y llenas de vitalidad. También son menos sensibles a las críticas, pero no del mismo modo que las personas de piel áspera.

- **Suave y flácida**

La textura también puede ser suave y flácida. Esto ocurre cuando la piel está floja. Hay una falta de firmeza discernible cuando se toca una piel así. Por lo general, se encuentra esta textura en las personas que envejecen. De lo contrario, significa que la persona es indolente y sueña despierta o procrastina. Hay poca evidencia de desarrollo muscular en la piel flácida, en parte debido a la inactividad. Alguien con este tipo de piel puede necesitar dedicar más tiempo a realizar actividades físicas. A veces, la piel floja y flácida es un indicador de mala salud. También indica nerviosismo y sensibilidad en algunas personas.

La piel delicada refleja sensibilidad y refinamiento. La piel delicada suele encontrarse en personas ambiciosas, orientadas a objetivos y prácticas. En cambio, la piel gruesa representa una falta de refinamiento o sensibilidad. Las personas de piel gruesa son aventureras, pero no competitivas. Cuanto más gruesa es la piel de una persona, más falta de refinamiento tiene. Esta falta de refinamiento tiene muchas ventajas. Por ejemplo, las personas de piel áspera no se enferman tanto como las personas sensibles porque su piel protege su cuerpo de las toxinas. Pero cuando enferman, lo hacen con fuerza.

Color

Además de la textura, el color también es vital en la lectura de la mano. El color de la palma puede indicar el estado de su salud. Al observar la palma de su mano, un quiromántico profesional puede descubrir cualquier problema en su cuerpo y evaluar su estado físico. También puede utilizarla para predecir una serie de patrones relacionados con su destino. El color también puede utilizarse para examinar la personalidad y el carácter. Para conocer el carácter de alguien, puede hacerlo fácilmente estudiando su palma, precisamente el color. Cada persona tiene diferentes colores de palma. Usted puede tener la palma rosa mientras que la persona que está a su lado tiene la palma amarilla o roja. La palma también puede tener un color beige o blanco. Si comprueba su palma y la de otra persona simultáneamente, observará una diferencia de color. Esta diferencia puede ser sutil o viva, dependiendo de ciertos factores.

El color de la palma es la clave para ver cómo circula la sangre en el cuerpo. También muestra cuando hay una falta de circulación. Su sangre corre por las venas y arterias, y absorbe y arrastra las impurezas que pueden afectar a su calidad de vida. Al hacer esto, su sangre está ayudando a renovar y mantener su vida. Al igual que la sangre purifica sus venas y arterias, los pulmones también ayudan a purificar su sangre. Sin la ayuda del corazón, la sangre no podría correr por el cuerpo de forma continua como lo hace.

El color de la piel se debe a la calidad y cantidad de sangre que circula por el cuerpo. Si la sangre que circula por el cuerpo es impura, se nota en la piel y en la palma de la mano. Y suele ser un indicio de que su salud se resentirá si no hace algo pronto. Incluso si la sangre es solo medio pura, afecta a la calidad de su salud, a pesar de todo. Cuando la sangre fluye, se nota en la piel. Si la circulación de la sangre se vuelve impura hasta el punto de provocar una mala salud, puede afectar a la mente y al temperamento de la persona. Y así es como se puede utilizar el color de la palma de la mano para conocer el estado de salud, el carácter y el patrón de comportamiento de una persona.

Antes de hacer una lectura, tenga en cuenta que la temperatura podría cambiar el color de las palmas. Por eso, el ambiente en el que realice la lectura no debe ser ni frío ni caliente. Debe ser el adecuado. Además, cuando lea, observe el color de la palma de la mano, no el del dorso. Es menos probable que el color cambie por estar al aire libre o por quemarse con el sol. El grosor de la mano también influirá en el color de la palma, por lo que debe tener en cuenta otras características como las uñas y las líneas de la palma.

Manos blancas

Las manos blancas son manos de color pálido. Rara vez muestran algún signo de sangre. En cambio, expresan una falta de calidez, frialdad, deseabilidad y vida. Las manos de color pálido muestran una falta de interés por las actividades sociales y las bromas. No les gusta hacer cosas para complacer a los demás. La palma es blanca porque la sangre no circula adecuadamente. Tal vez tengan un corazón débil, lo que dificulta el bombeo eficaz de la sangre. Las personas con la palma blanca carecen de pasión y entusiasmo. Son emocionalmente fríos y no tienen interés en el amor.

Pero son casi místicos. Las personas así también tienen una mente muy imaginativa y activa, lo que las orienta hacia la literatura. En cuanto a la salud, una persona de manos blancas puede mostrar signos de anemia o alguna otra enfermedad sanguínea peligrosa. Si tanto la palma como los dedos están pálidos y blancos, puede ser un signo de hipertensión. Si la blancura afecta solo a la mitad de la palma, puede significar que la persona ha tenido recientemente problemas de estómago.

Si alguien tiene las manos blancas:

- Carecen de entusiasmo por el trabajo o las relaciones
- Prefieren vivir solos
- No asisten a fiestas o funciones sociales
- Tienen muchos problemas económicos
- Están mentalmente estresados

A veces, el blanco de la palma puede aparecer brillante en lugar de apagado. En este caso, significa que están un poco entusiasmados con su trabajo. También indica una persona pacífica.

Mano rosa

La mano rosa indica un flujo sanguíneo saludable en el cuerpo, un signo de vitalidad y buena salud. La mano rosa significa que la persona es cálida, vibrante y feliz. Tiene la cantidad justa de sangre bombeando a través de sus venas, por lo que no se siente presionada por un exceso o debilitada por un defecto. El color rosa puede ser rosa claro o rosa oscuro. Si la palma de alguien es de color rosa oscuro, significa que puede alegrarse rápidamente. Por lo general, experimentan y expresan las emociones con facilidad. También pueden enfadarse rápidamente si no consiguen lo que quieren. Sus pensamientos son siempre cambiantes. Pueden decir algo ahora y cambiar de opinión cuando llegue el momento.

Las manos de color rosa claro significan que la persona es bondadosa y tiene pensamientos alegres. Son pacientes y pacíficos. La felicidad es una constante para ellos y la gente los admira por sus cualidades. Independientemente de su condición, siempre están contentos y agradecidos. Siempre son optimistas. Disfrutan de la gente que les rodea porque creen que esa es la clave para disfrutar de la vida.

Si alguien tiene las manos rosas:

- Llevan la buena suerte a todas partes
- Suelen obtener el doble de lo que aportan en cualquier cosa

- Son física y mentalmente vibrantes
- Están rodeados de energía positiva

El color rosa es, en general, un signo de positividad en todos los aspectos, desde la carrera hasta las relaciones y la vida en general.

Mano roja

Si la palma está roja, indica un flujo sanguíneo intenso. El enrojecimiento de la palma se basa en la fuerza del flujo sanguíneo a través del cuerpo. Muestra un nivel de intensidad aplicado a todo, desde los negocios hasta el amor o la vida social. Alguien con la mano roja puede tener dificultades para controlar sus emociones. Pierden los nervios por las cuestiones más insignificantes. La falta de autocontrol puede llevarlos hasta la agresividad e incluso la violencia física. Pero, a veces, depende de dónde esté el enrojecimiento en la mano. Si el enrojecimiento es más prominente en la palma que en cualquier otro lugar, puede significar que no pueden controlar su ira. Por el contrario, si el rojo es brillante y suave, indica prosperidad financiera y auspiciosidad.

Si el rojo solo aparece en algunas partes de la palma, puede indicar que la persona tiene problemas de presión arterial. El rojo intenso significa que la persona puede sufrir pronto un problema de salud relacionado con los nervios. También pueden sufrir de presión arterial alta y otras afecciones relacionadas. Las personas de manos rojas suelen ser hospitalarias. Si el rojo es brillante, indica que a esa persona le gusta adoptar un enfoque práctico para resolver los problemas y atender sus necesidades. Esto no significa que no confíen ni crean en otras personas. Simplemente les gusta hacer las cosas por sí mismos.

Si alguien tiene las manos rojas:

- Son temperamentales
- Tienen problemas de autocontrol
- Suelen tener una mentalidad seria y responsable
- Son propensos a tener éxito en las cosas que hacen

Alguien con la mano roja necesita tener cuidado con su temperamento porque lo hace vulnerable a sufrir un accidente cardiovascular o a caer enfermo a otras condiciones.

Mano azulada o morada

La mano puede tener un aspecto azulado o morado debido a un flujo sanguíneo inadecuado. Esto suele significar que tiene mala salud. El color azul rara vez afecta al temperamento; a menudo indica salud. Si las manos tienen un aspecto azulado, puede revelar un pulso débil en el corazón. Si la palma se muestra azul o morada por todas partes, es una indicación de salud crítica. Pero si el azul solo aparece como manchas en la palma, significa que el flujo sanguíneo está desequilibrado en el cuerpo.

En ese caso, no se encuentra en un estado de salud crítico. Supongamos que comprueba la palma de alguien y obtiene algo que indica que podría tener problemas de salud. En ese caso, lo mejor es aconsejarle que acuda a un médico en lugar de decirle directamente que es probable que tenga un problema de corazón u otra cosa. Esto es para evitar que se asusten.

Si alguien tiene las manos azules:

- Generalmente son indiferentes e introvertidos
- Pueden ser propensos a los problemas de corazón
- Necesitan prestar más atención a su salud
- Son dependientes de los demás

El azul también sugiere que una persona está lidiando con el miedo, probablemente irracional o no.

Mano amarilla

El color amarillento de las palmas puede indicar una secreción excesiva de bilis, lo que podría provocar una disfunción hepática. En el cuerpo, la bilis es crucial para la digestión de los alimentos. Normalmente, no debería encontrarse en la sangre hasta el punto de poder verla en la piel. Cuando la bilis acaba de algún modo en el torrente sanguíneo, el cuerpo la percibe como un invasor extraño del que debe deshacerse de forma natural. Si llega a estar demasiado en el torrente sanguíneo y acaba apareciendo en la piel, hace que la palma adquiera un aspecto amarillento. El exceso de bilis en el torrente sanguíneo puede irritar el cerebro y los nervios. Esto puede hacer que se vuelva irritable, malhumorado y cínico. Según el grado de amarillez de la palma, podría incluso volverse pesimista.

Cuando se irrita con facilidad y es poco sociable, no es una buena compañía. Esto afecta inadvertidamente a su vida social y posiblemente a sus relaciones con sus seres queridos. Si el color amarillo va más allá de la palma hasta las uñas y las líneas de la mano, podría significar que está tratando con una condición más severa.

Si un individuo tiene las manos amarillas:

- Pueden estar lidiando con más de una enfermedad
- Atraen fácilmente a sus parejas
- Necesitan revisar su dieta y su hábito alimenticio
- Su salud requiere más atención

Las manos amarillas también pueden indicar que tienen mala suerte con el juego y las actividades relacionadas con el dinero.

Mano negra o turbia

Algunas personas tienen la mano de color negro o turbio, lo que refleja una vida de luchas. El negro indica negatividad en la salud, la carrera y las relaciones. También puede ser un indicador del conflicto en el futuro. Una persona con las manos negras puede enfrentarse a muchos problemas en la vida. Son propensos a los problemas de salud y financieros, así como al aislamiento social. La mano negra suele tomarse como un signo de mala suerte. Si la negrura solo aparece como manchas en la mano, podría ser un signo de enfermedad. Las personas con este color de mano deben buscar continuamente formas de mejorar su estado físico y general.

De lo contrario, pueden vivir toda su vida, pasando de una lucha a otra.

Nota: Los colores no son permanentes. El color de la mano de una persona en un momento determinado refleja su salud y su carácter en ese momento. Es decir, el color de una persona no puede permanecer siempre igual. A veces, las palmas de las manos cambian de color debido a una circulación sanguínea inadecuada en el cuerpo. Otras veces, los cambios de color se producen por algún acontecimiento adverso. Es útil prestar atención a la palma de la mano y observar cómo cambia el color. Si presta atención a estos cambios con regularidad, puede cambiar las situaciones a su favor. El mejor color es el rosa, que indica buena salud, buen carácter y un estado mental de calidad.

Me gustaría señalar que nunca se debe diagnosticar directamente una condición médica a través de la lectura de la mano. Sea lo que sea lo que obtenga en su lectura, siempre respáldelo consultando con un médico autorizado. No diagnostique enfermedades solo por el color o la textura de la palma de la mano. Recuerde que estos índices cambian constantemente en función de la persona.

Flexibilidad

La flexibilidad se refiere a la capacidad de su mano para adaptarse a diferentes condiciones. La flexibilidad de su mano refleja la flexibilidad de sus pensamientos. También muestra la calidad y el estado general de su mente. Básicamente, una mano flexible equivale a una mente flexible, y una mano rígida equivale a una mente rígida. Sin embargo, no es tan sencillo. Hay aspectos poco definidos cuando se examina la flexibilidad de la mano. Al hacer un análisis de la mano, la flexibilidad se comprueba para evaluar el estado mental de una persona.

La flexibilidad de la mano se refleja en la facilidad con la que se dobla hacia atrás. Para examinar la flexibilidad de su mano, estire su mano derecha hacia fuera con las palmas mirando hacia arriba. A continuación, utilice la mano izquierda para ejercer presión sobre la mano estirada hasta que se doble lo más posible hacia atrás. Cuanto más se aleje la mano, más flexible será. Cuando realice este sencillo ejercicio, observe si su mano en su conjunto es flexible o si solo puede doblarla en la articulación de los nudillos. Si toda la mano es flexible, comprobará que los dedos se doblan junto a las articulaciones de los nudillos. Durante la exploración, podrá observar que hay distintos grados de flexibilidad. La mano puede estirarse hasta 45 grados. En otra persona, puede doblarse hasta el punto de tardar incluso en enderezar los dedos. Depende de lo flexibles que sean su mente y sus emociones.

Normalmente, hay tres grados de flexibilidad en la mano. En primer lugar, está la flexibilidad estándar. También llamada flexibilidad regular o media, cuando se presiona el dorso de la mano, esta se abre de forma amplia y recta en toda su extensión. Este tipo de flexibilidad se considera suficientemente buena en la quiromancia. En segundo lugar, algunas manos forman un arco elegante cuando las dobla hacia atrás, y no causa dolor cuando lo hace. Esto se considera muy flexible. Luego, están las manos que no se abren por más que las presione hacia atrás. Incluso si quiere que se abran al máximo, no pueden hacerlo debido a la incapacidad de los dedos para extenderse. Se llaman *manos rígidas* porque apenas tienen flexibilidad.

Cuando tiene manos medianamente flexibles, significa que le resulta fácil adaptarse a la vida. Es versátil a la hora de abordar los problemas. Si tiene manos rígidas, implica que no aprecia el cambio. Siempre quiere que las cosas sigan como están. Puede que le resulte difícil cambiar sus hábitos o comportamientos. También significa que no considera particularmente las perspectivas de otras personas sobre los asuntos. Prefiere quedarse con su propio punto de vista.

Si su mano es lo que llamamos muy flexible, significa que es usted muy adaptable y versátil. Pero si tiene manos así, junto con otras características que también indican versatilidad, esto puede suponer un problema. Puede llegar a ser demasiado versátil hasta el punto de no poder dominar una sola cosa. ¿Recuerda el dicho: "Quien mucho abarca, poco aprieta"? Pues ese sería el refrán perfecto para describirlo a usted. El pulgar que tiene puede determinar si puede controlar su flexibilidad. Nos referiremos a esto en el capítulo sobre los pulgares.

Mano rígida

Las personas con manos rígidas suelen ser poco progresistas. Rara vez son innovadoras porque prefieren atenerse a las formas tradicionales de hacer las cosas. Creen en el trabajo duro y en el ahorro para generar riqueza. Las personas de mano rígida no creen que el éxito pueda alcanzarse de otra manera que no sea trabajando duro, ahorrando y pasando privaciones. Por eso, no les encontrará gastando su dinero en los últimos artilugios. Sin embargo, al igual que sus manos son rígidas, sus bocas también están bien cerradas. A una persona de manos rígidas puede confiarle su secreto porque es poco probable que se lo cuente a otra persona. Esto se debe en parte a su tacañería. Sí, son tacaños, incluso con la información. A continuación, los rasgos más comunes de las manos rígidas:

- Mente cerrada e inmovilidad mental
- Demasiado cauteloso con la gente nueva y las aventuras
- Inclinación a la tacañería y la estrechez
- Falta de adaptabilidad
- Miedo a las aventuras y a las nuevas ideas
- Tradicional

Mano flexible promedio

Esta es la mano de alguien a quien le gusta abordar las cosas con moderación. Son equilibrados en todo lo que hacen. Las personas con manos medianamente flexibles se toman la vida en serio. Intentan continuamente comprender la vida. Se esfuerzan por comprender las dificultades de la raza humana. Por muy reflexivos, serios y amplios de miras que sean, se mantienen dentro de los límites de su pensamiento. Desafían el extremismo.

- Un sentido equilibrado del autocontrol
- Le gusta mantenerse dentro de los límites seguros en lugar de ir al extremo
- Escucha y comprende antes de responder a los problemas
- No se precipita ni se entusiasma en exceso
- Capacidad para utilizar y gastar el dinero de forma adecuada
- Razonablemente caritativo y extrovertido
- Simpatiza con los demás
- No se deja llevar por las tradiciones

Mano muy flexible

Cuando la mano es flexible, también significa que la mente es muy móvil. Representa a alguien que puede adaptarse rápidamente a cualquier situación, casi hasta el punto de ser un fallo. Cuanto más flexible sea su mente, más brillante será. Esto se manifiesta en el carácter de las personas con manos muy flexibles. Pueden hacer muchas cosas a la vez. Sus talentos son diversos, lo que les hace propensos a la incapacidad de concentrarse en una sola dirección. Si tiene una mano flexible, es probable que sea muy generoso, simpático y empático. No cree que el dinero deba acumularse. Cree que debe utilizarse para asegurar sus deseos y posiblemente los de sus allegados.

- Emotivo y empático
- Rapidez de pensamiento y aprendizaje
- Tendencia a pensar demasiado en las cosas
- Creativo, imaginativo y artístico
- Extremadamente generoso con el dinero y los recursos
- Autoconsciente e introspectivo
- Capacidad para dominar y comprender la impresión de los demás

Vello en la mano

Cuando usted se vuelve muy experimentado en el arte de la quiromancia, descubrirá que ni siquiera necesita ver la cara de la persona para poder descifrar y revelar cosas sobre ella. Suponga que tiene que leer a una persona detrás de una cortina. Esto significa que no puede ver su cara. En este caso, el vello de la mano de esa persona es importante para su estudio. Ayuda el conocer las reglas en torno al crecimiento del vello en la mano. El vello es la naturaleza unidireccional cumple su propósito(s) en relación con nuestro cuerpo.

Los científicos dicen que los vellos son similares a los tubos que se conectan con la piel y los nervios. La energía en su cuerpo sale a través del vello. Así, se puede determinar la naturaleza de una persona examinando y analizando el color de su pelo. Como la energía sale a través del vello, afecta al color de la mano. Básicamente, el color del vello de la mano refleja la energía que recorre todo su sistema.

Por ejemplo, si usted tiene una cantidad considerable de hierro en su sistema, este fluye a través de los tubos y colorea el vello. El color puede ser negro, rubio, castaño, blanco o incluso gris, dependiendo de la cantidad de hierro o pigmento que haya en el cuerpo. Las personas con vello rubio o de aspecto claro suelen tener pequeñas cantidades de hierro y pigmento en su sistema. Por regla general, las personas así suelen ser apacibles, lánguidas y apáticas. También son más susceptibles a las influencias de su entorno que las personas con el vello más oscuro.

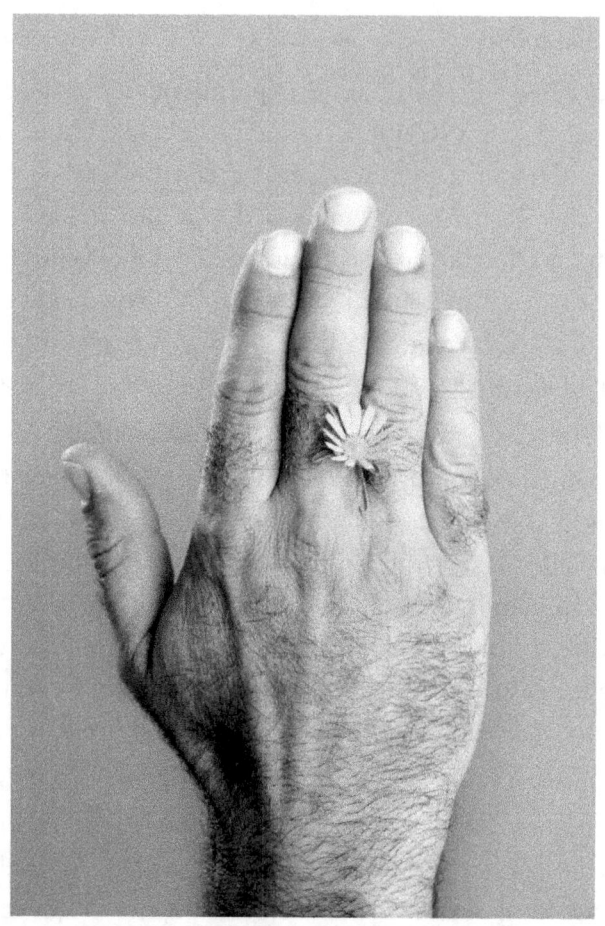

Los individuos con vello oscuro tienden a ser apasionados, temperamentales y menos enérgicos cuando trabajan. También son muy irritables, aunque cariñosos, que las personas con el vello más claro. A menudo, el color del vello de la mano también determina su textura. Por ejemplo, el vello pelirrojo suele ser más áspero que otros colores de vello como el castaño, el rubio y el negro. Los conductos por los que pasa la energía para salir del vello pueden ser más anchos en función de la cantidad de energía que circula por ellos. Puede hacer que una persona sea muy agitable e impulsiva si la energía es contundente y de gran cantidad.

Cuando una persona empieza a envejecer, la energía generada se reduce considerablemente. También deja de emitirse a través de los tubos capilares, ya que la mayor parte de ella se utilizaba para mantener el cuerpo en funcionamiento. Cuando esto ocurre, se produce una disminución del flujo de pigmento a través del vello. Esto hace que el vello se vuelva blanco, razón por la cual el vello de una persona puede volverse más blanco a medida que envejece. Otras cosas que suelen dar lugar a un vello blanco son los traumas y el dolor. ¿Cómo ocurre esto? Cuando uno experimenta algo que desencadena una pena o un shock, se produce una oleada de energía nerviosa que fluye con fuerza a través del tubo capilar con los pigmentos. La reacción natural es que el vello se vuelva blanco. Rara vez el vello recupera su color después de experimentar tal tensión.

Tomemos como ejemplo los Estados Unidos. Muchas personas en Estados Unidos tienen el vello blanco en las manos debido a una mezcla de diferentes factores. El primero son las condiciones climáticas, que hacen que la gente desarrolle una mentalidad competitiva. El estado de ánimo de la gente en EE. UU., suele hacer que se mantenga en pie. A pesar de las circunstancias, no les importa disfrutar de la vida. Otro factor que causa el vello blanco es el tipo de presión del estilo de vida que muchas personas experimentan. Estos factores y otros más pueden contribuir a la aparición del color del vello en las manos de las personas.

Capítulo 6: La lectura de las uñas

Inicialmente, quería hablar de las uñas en el capítulo de color y textura, pero decidí no hacerlo porque la uña es uno de los componentes más críticos para estudiar en el análisis de la mano. Merece tener su propio capítulo. El color, la textura y la forma de la uña pueden decir mucho sobre usted a alguien que sepa leer las uñas.

En la lectura de la mano, se puede saber la suerte de un individuo mirando la forma de su uña. El tamaño de la uña también puede determinar el carácter de una persona. El estudio de las uñas permite saber más sobre uno mismo. Al igual que la textura de la piel, las uñas muestran la calidad de diferentes aspectos de su vida. También reflejan la salud de su sistema nervioso. Cuanto más sano sea su sistema nervioso, más sanas parecerán sus uñas. Las uñas protegen sus terminaciones nerviosas, por lo que su capacidad para afrontar el estrés se hace evidente en su aspecto. Cuanto más largas y grandes sean sus uñas, más podrá hacer frente al estrés. Esto también se aplica a lo contrario. Uno por uno, hablo del significado del color, la forma y el tamaño de las uñas.

En la mayoría de las personas, la forma de la uña se basa en el tipo de yema del dedo, es decir, si la yema es estrecha o gruesa. Antes de profundizar en esto, tenga en cuenta que su uña puede cambiar con el tiempo, dependiendo de sus hábitos. Por ejemplo, alguien que lidia continuamente con el estrés, la ira o el nerviosismo puede desarrollar una uña en forma de abanico. Pero si el problema que causa el estrés o la ira desaparece, la uña vuelve a su forma natural. Las uñas pequeñas pueden volverse más prominentes con el tiempo si una persona cambia sus hábitos o su estilo de vida.

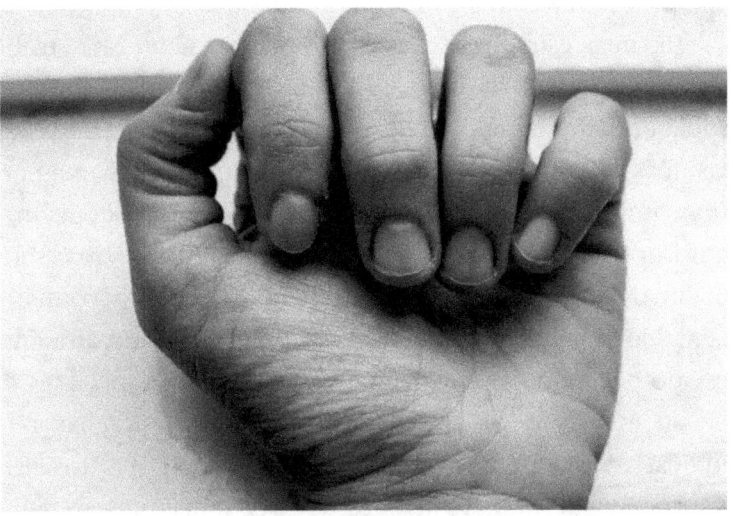

La forma de la uña se suele clasificar por su longitud y anchura. Normalmente, la longitud razonable de las uñas de una persona es la mitad de la longitud de la falange superior. Siendo realistas, la uña no debe ser ni corta ni larga. No debería estar mordida.

Por lo tanto, sí tiene:

- **Uñas grandes y anchas**

  Cuanto más ancha es una uña, más sano y fuerte es su sistema nervioso. Fisiológicamente, las personas con uñas grandes y anchas tienen resistencia, lo que significa que son resilientes. Pueden mantener la calma en medio de cualquier situación, por muy agitada que sea. También son muy pacientes. El gran tamaño de las uñas las convierte en excelentes escudos para las terminaciones nerviosas. Esto mantiene su sistema nervioso en excelente forma, lo que a su vez influye en su capacidad para hacer frente a situaciones estresantes y desencadenantes. Si la uña es ancha y corta, con un pequeño espacio entre la punta del dedo y la uña, muestra a un individuo que es crítico y juzga a los demás. Es una persona de mal genio y bastante testaruda. Pero si la uña es ancha y larga, representa a alguien honesto y directo.

- **Uñas largas y estrechas**

Las uñas estrechas sugieren un sistema nervioso sensible. A veces, indica falta de fuerza. Las personas con este tipo de uñas suelen ser de temperamento suave y romántico. Ahora bien, si las uñas finas son largas, significa que también eres una persona muy imaginativa. Usted se inclina por prestar atención a su entorno y a los detalles que lo rodean, lo que le hace ser muy creativo. Pero también tiene la tendencia a creer y confiar en la gente con facilidad. Por ello, necesita trabajar para aumentar su estado de alerta. Esto le ayudará a protegerse de posibles daños en su entorno. Además, las uñas largas y estrechas pueden indicar que tienes mala suerte con las relaciones interpersonales. Sus relaciones rara vez funcionan, y cuando lo hacen, no duran mucho. Las uñas estrechas y cortas retratan a alguien egoísta, materialista y de mente estrecha. Esta persona también puede tener miedo a correr riesgos.

- **Uñas pequeñas**

Las uñas pequeñas suelen estar más cerca de las puntas de los dedos. Suelen ser estrechas, con mucha carne en ambos lados. Si tiene este tipo de uñas, es probable que tenga una naturaleza curiosa. Le encanta saber cosas, por lo que siempre está indagando y buscando conocimientos. También es agudo, ingenioso y puede tener dificultades para gestionar sus emociones. Las uñas pequeñas también pueden significar que su resistencia a las enfermedades es baja.

- **Uñas cortas**

Las uñas a menudo se vuelven cortas debido a años de morderlas. Si la uña es corta, hasta el punto de parecer la mitad de una uña, muestra a una persona crítica con un temperamento desigual. Esta persona también puede ser argumentativa, es decir, se mete en conflictos y debates. No importa si la uña es ancha o estrecha. Esta característica es propia de las personas con uñas cortas. Si tiene las uñas cortas, puede aburrirse rápidamente. También puede ser difícil de complacer. Si sus uñas son solo ligeramente cortas, eso retrata un carácter inquisitivo.

- **Uñas redondas y ovaladas**

Esta es la forma de uñas más generalizada. Retrata a alguien con una naturaleza redonda y equilibrada. Alguien así rara vez responde a una situación con ira o rencor. Si la uña redonda es larga, podría significar que su salud no está en buena forma. Una uña ancha y redonda sugiere un individuo con una disposición amable y gentil. Esto significa que puede llevarse bien con todo el mundo. Su habilidad social está en un nivel admirable. Esta persona también es adaptable, versátil y creativa. Si es redonda y pequeña, sugiere una falta de fuerza física o mental.

- **Uñas en forma de abanico**

Una uña en forma de abanico es estrecha en la base en comparación con la punta. Junto con una textura de piel suave, una uña en forma de abanico sugiere a alguien que lucha constantemente contra el nerviosismo, el estrés, la enfermedad y la falta de vitalidad. En cambio, con una textura de piel más firme, esta uña retrata a alguien sensible y posiblemente de mal genio, pero decidido. Dependiendo del dedo que tenga la uña en forma de abanico, el significado puede cambiar de un dedo a otro. En el dedo medio, una uña en forma de abanico significa que se preocupa continuamente por sus negocios, su carrera o su dinero. En el dedo índice, muestra a alguien que siempre se preocupa por alcanzar metas personales y profesionales. En el dedo anular, significa que tiene problemas de expresión artística. En el meñique, da información sobre la intimidad y la comunicación.

- **Uñas en forma de rectángulo**

Una uña rectangular también relativamente ancha puede indicar una personalidad reflexiva y consciente. Esto significa que pone pensamientos profundos en sus decisiones. Es un pensador profundo por naturaleza. También es comprensivo, fácil de llevar y tolerante con los demás. Si la uña rectangular es larga, puede indicar falta de diplomacia. Una uña rectangular estrecha muestra que no está dispuesto a asumir riesgos, es impaciente y de mente estrecha.

- **Uñas cuadradas**

Por último, tiene una uña de forma cuadrada, que es el tipo de uña más robusto. Indica vitalidad y buena salud, además de un temperamento uniforme. Pero si la uña es pequeña y cuadrada, es posible que no tenga un temperamento uniforme. Las personas con este tipo de uñas son fiables, de mentalidad seria, prácticas y francas. También son inteligentes y de buen carácter.

Colores de uñas

Los colores de las uñas suelen utilizarse para evaluar la mano de una persona. Cuando se utilizan los colores de las uñas para buscar signos de salud, se utilizan los mismos principios que con la mano. El principio es encontrar algo inusual en el color combinado con la calidad de la uña. Una uña con una textura delicada tiene uñas brillantes y lisas. Si la mano es suave, pero las uñas tienen un aspecto áspero, esto significa que algo está desequilibrado. Puede tratarse de la salud del sujeto. Las uñas rugosas suelen encontrarse en manos grandes y de aspecto áspero.

Normalmente, las uñas tardan hasta seis meses en crecer desde la base hasta la punta. Algunas marcas en una uña están cronometradas en función de su ubicación en un punto del tiempo. Por ejemplo, si se encuentra una cresta horizontal junto a la uña, sugiere que se produjo un cambio hace unos dos o tres meses. La flexibilidad puede utilizarse para evaluar una uña sana. Una uña flexible es, por término medio, gruesa con una textura suave y tiene un color rosa claro. Las lunas de las uñas flexibles suelen ser de color blanco lechoso y visibles en el pulgar.

- **Uñas azuladas o violáceas**

Si observa un tinte azulado o violáceo alrededor del lecho ungueal, podría indicar posibles problemas respiratorios o circulatorios. La aparición de este color puede deberse al clima, lo que significa que es temporal. En los primeros años de la adolescencia y la menopausia, las mujeres suelen tener las uñas azuladas, lo cual es absolutamente normal. No indica ningún problema de salud. El azul puede aparecer de forma intermitente en las uñas de una persona debido a los cambios en sus hormonas.

- **Uñas blanquecinas**

Un color blanquecino en el lecho ungueal sugiere deficiencia de hierro, disfunción hepática y baja vitalidad. Si el blanco es pálido y grisáceo, podría indicar que una persona carece de calor. También podría significar que uno es egoísta. Dependiendo de la calidad de las uñas, esto también podría retratar una enfermedad fúngica, especialmente si la uña está seca y quebradiza. Si la uña completa es blanca con una mancha turbia en la punta y una base amarillenta, puede sugerir una posible enfermedad renal.

- **Uñas amarillas o marrones**

Las uñas amarillas o marrones suelen significar lo mismo. Un color marrón en el lecho ungueal puede indicar una afección hepática. También podría sugerir que una persona tiene ictericia. Si tiene un alto nivel de bilirrubina en el torrente sanguíneo, también puede dar lugar a manchas amarillentas y marrones. Otras condiciones que pueden hacer que sus uñas tomen un color amarillo incluyen la infección por hongos.

- **Uñas rojas**

Las uñas rojas indican una mala circulación sanguínea. Si las uñas son demasiado rojas, puede deberse a problemas de presión arterial o a una enfermedad cardiovascular.

Señales en la uña

A veces aparecen manchas de color en las uñas. La aparición de manchas en las uñas significa diferentes cosas en relación con el tipo de lunas en las uñas.

- **Manchas negras:** Si tiene manchas negras en las uñas, esto podría significar que su sangre es impura. Como resultado, se vuelve vulnerable a las enfermedades que están relacionadas con la impureza de la sangre. Puede tratarse de malaria, fiebre, fiebre tifoidea, etc. Los puntos negros suelen aparecer en las uñas temporalmente, tras lo cual desaparecen. Desde el punto de vista de la suerte, un punto negro sugiere que se es propenso a la desgracia y a la calamidad. Si aparece un punto negro en el pulgar de una persona, puede indicar que va a cometer un delito en un futuro próximo. En el dedo índice, una mancha negra puede indicar la pérdida de un ser querido. Si aparece en el meñique, sugiere un fracaso en la consecución de los objetivos fijados.

- **Puntos blancos:** Normalmente indican una obstrucción del flujo sanguíneo y una posible enfermedad. Si aparece una mancha blanca en el pulgar, puede significar que pronto encontrará el amor. Representa el éxito en los negocios si se encuentra en el dedo índice. Una mancha blanca en el dedo medio puede significar que pronto emprenderá un viaje. Si se encuentra una mancha blanca en el dedo de Apolo, indica un posible aumento de estatus o de la vida en general. Por último, una mancha blanca en el dedo meñique significa que está cerca de alcanzar su objetivo en la vida. Como he dicho, hay que considerar esta información con otras cosas antes de hacer una interpretación.
- **Media Luna en la raíz de las uñas:** Esto representa típicamente el progreso en la vida. En el dedo índice, significa que está a punto de recibir un ascenso en el trabajo o que pronto recibirá una buena noticia. La media luna en el dedo de Saturno significa que puede estar esperando algún tipo de beneficio monetario. En el dedo de Apolo, significa un aumento de su estatus social. Es probable que se haga famoso en la sociedad. Es un signo afortunado. Si encuentra una media luna en el dedo meñique, representa un éxito inesperado en los negocios. En el pulgar, una media luna indica el crecimiento y el éxito de todo tipo. A veces, la señal de la luna se hace más grande que la mitad. Cuando esto ocurre, casi cubre la mitad de la uña, lo que indica que va a ocurrir algo negativo.

Algunas personas no tienen la media luna (lúnula) en la base de las uñas. Normalmente, la lúnula está siempre presente en la base del pulgar. Su ausencia indica una capacidad aeróbica y una circulación sanguínea inadecuadas. Además, puede ser un signo de desnutrición o anemia.

Calidad de las uñas

Como ha aprendido, también se puede obtener información sobre la salud a través de la calidad de las uñas. Para evaluar la salud de sus uñas, sepa en qué debe fijarse. Una uña sana:

- Tiene un color rosa claro
- Tiene la placa de la uña curvada cuando la mira frente a los ojos
- Tiene una media luna blanca visible en la base que se hace más visible cuando empuja la cutícula
- No tiene manchas, crestas, surcos, hendiduras o líneas permanentes
- Si sus uñas no tienen al menos tres de estas cualidades, no puede estar seguro de su calidad

Si las uñas parecen estar hundidas, esto se llama uña cóncava. Esta uña refleja el estrés físico y la falta de energía en general. Podría reblandecerse debido a la sobreexposición a productos químicos o al agua, o a una deficiencia nutricional. Una uña cóncava advierte de una enfermedad inminente, que puede ser grave.

La uña curvada es el opuesto directo de la uña cóncava. Suele asociarse a trastornos respiratorios, como la neumonía o el enfisema. Una uña curvada puede indicar un pulmón débil. Los fumadores tienen este tipo de uña, lo que sugiere una oxigenación inadecuada. Una uña curvada con aspecto hinchado y muy mordido apunta a afecciones más graves. A veces, las uñas crecen por encima de las puntas de los dedos y acaban pareciendo garras. Esto es común en personas que tienen un carácter dominante. Las personas de este tipo también pueden ser problemáticas. Cuando alguien tiene los dedos encorvados y no tiene problemas respiratorios, significa tenacidad y arrogancia.

Cuando las uñas son débiles y quebradizas, significa un desequilibrio mineral, que puede deberse a una dieta baja. A veces, apunta a un mal funcionamiento de la glándula tiroides. Una persona que trabaja regularmente en el jardín o que utiliza la mano desnuda para trabajos que implican el uso de productos químicos es probable que tenga las uñas débiles y quebradizas. A veces, la debilidad de las uñas se debe a la sequedad de la piel de la mano, que suele ser consecuencia del estrés prolongado.

Punteado (Pitting)

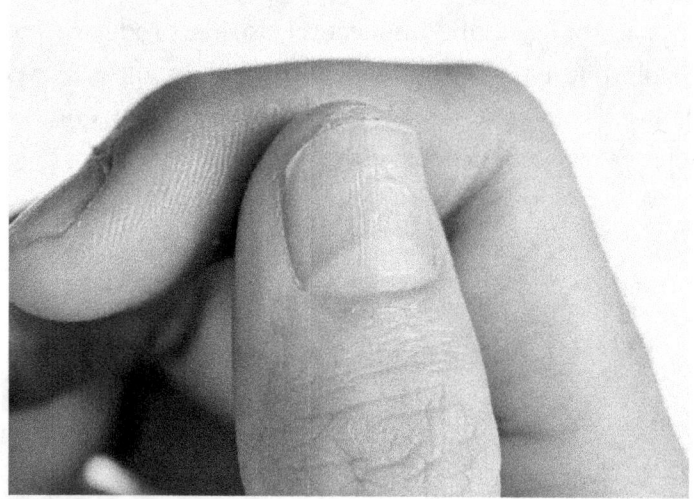

El pitting en las uñas se produce cuando hay pequeños agujeros alrededor de la placa de la uña. Cuando esto ocurre, la uña puede parecerse a la superficie de la luna, pero con pequeños cráteres. El punteado en las uñas suele indicar la presencia de una o varias enfermedades de la piel. Si el punteado está repartido por toda la placa de la uña, podría significar que se trata de una psoriasis. Esto provoca la aparición de manchas escamosas en la piel. Si el punteado tiene aspecto de rejilla, puede tratarse de alopecia areata, otra enfermedad de la piel que provoca la caída del cabello en pequeñas áreas redondas. El pitting en los dedos también podría sugerir lesiones de eczema en las uñas.

Crestas

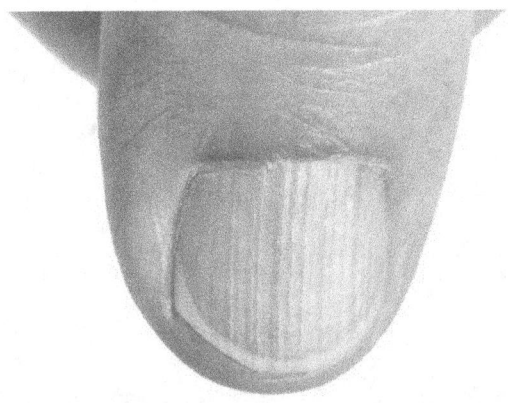

Son hendiduras que se extienden desde la base de la uña hasta la punta. Pueden ser verticales u horizontales. Son indicadores habituales de estrés y ansiedad. Si las uñas tienen crestas que aparecen en todos los dedos, sugiere un cambio brusco de salud, posiblemente debido al estrés, una infección, una dieta o un traumatismo. Las crestas verticales suelen aparecer con la edad. Pero si las encuentra en un adulto joven, representa cambios hormonales, nerviosismo o mala alimentación. Algunas personas pueden tener crestas en las uñas debido al uso constante de pulidores de uñas. Si esto ocurre, podría ser una causa de nerviosismo o estrés.

Líneas de Beau

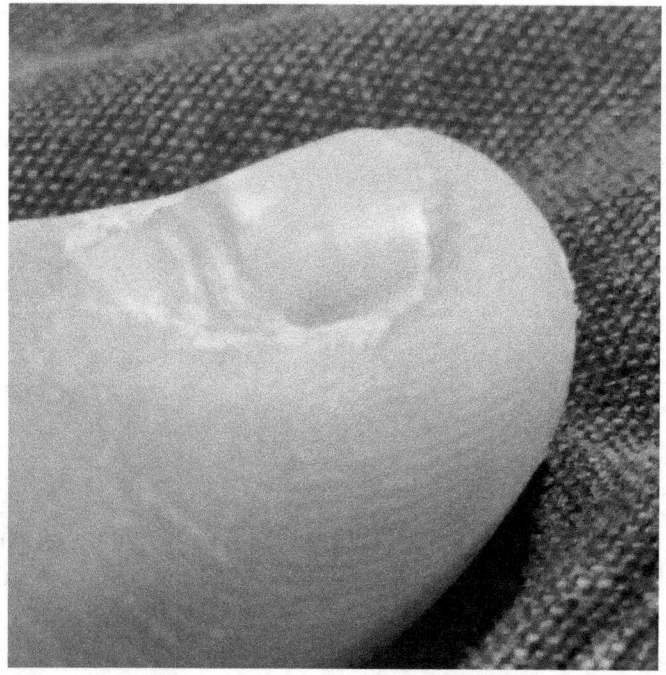

No tienen nada que ver con las relaciones. Las líneas de Beau deben su nombre a Joseph Beau, que fue el primero en describirlas y su significado. Las líneas de Beau son líneas profundas con un aspecto acanalado. Se extienden horizontalmente por las uñas. Estas líneas suelen aparecer cuando la zona bajo la cutícula deja de crecer debido a una lesión o una enfermedad grave. Aparecen a causa de diferentes factores, como enfermedades circulatorias, diabetes, presión arterial baja, desnutrición, dolor y trauma. También pueden aparecer en las uñas de una persona que acaba de ser operada. El momento de la cirugía puede determinarse a partir de la ubicación precisa de las líneas de beau en la uña.

Acropaquia (dedos en palillo de tambor)

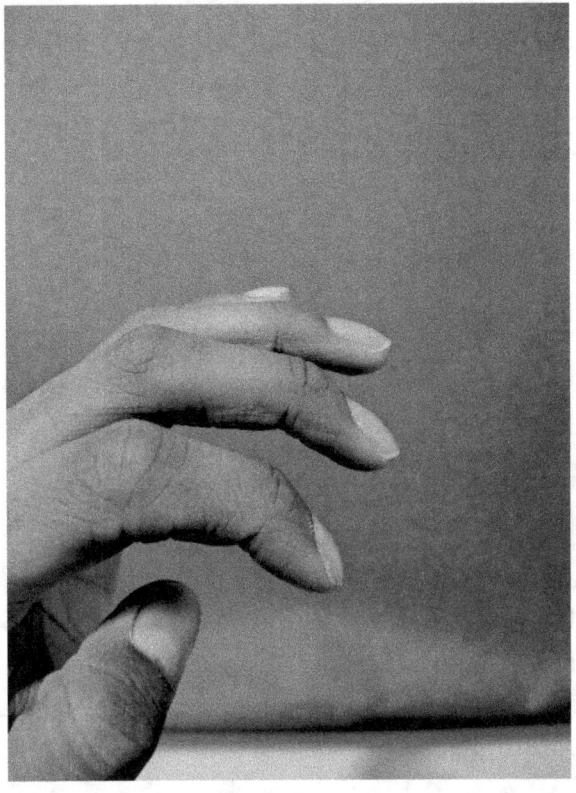

La uña en palillo de tambor se produce cuando la yema del dedo parece hinchada y la uña adopta la forma de una cúpula, lo que significa que está redondeada y curvada. La uña suele tener una tonalidad azulada cuando se produce el fenómeno de las uñas de acropaquia. Esta afección puede aparecer debido a una enfermedad pulmonar o a niveles bajos de oxígeno. Si más de tres dedos de una persona tienen uñas deformadas, indica que la enfermedad o dolencia está avanzada. Las uñas en palillo de tambor están relacionadas con enfermedades gastrointestinales, cardiovasculares y pulmonares.

Uñas de cuchara

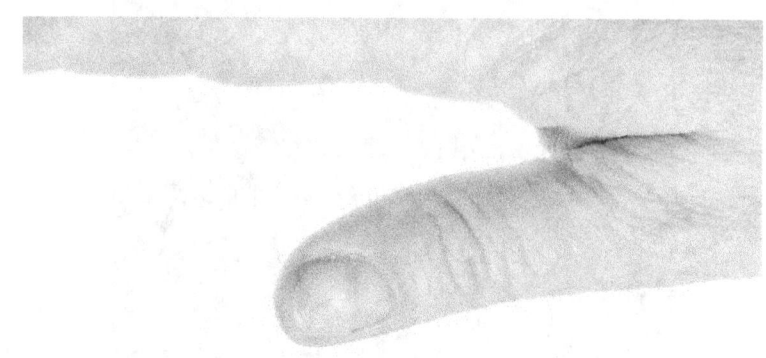

Las uñas en cuchara son uñas cóncavas, solo que parecen haber sido cortadas. Las uñas en cuchara pueden indicar problemas de salud, desde una deficiencia de hierro hasta trastornos de tiroides, diabetes y autoinmunes. Un ejemplo es la enfermedad de Raynaud, que es un trastorno que provoca la decoloración de las uñas.

A veces, la placa de la uña se afloja y se separa de la piel. Esto suele ocurrir como respuesta a un traumatismo, una infección o una lesión. También puede significar una afección cutánea grave. Según su lectura, la uña suelta también se produce por el consumo de drogas y disolventes.

En definitiva, los cambios de fortuna se reflejan en las uñas casi de inmediato. Suponga que ha experimentado recientemente un cambio en su estado emocional y financiero y en su salud. Ahí, un buen quiromántico puede saberlo examinando sus uñas. Si los cambios aún no son efectivos, pero están en camino, esto se reflejará en sus uñas. Las uñas funcionan como un canal para todas las energías que recibe de los diferentes planetas. Por lo tanto, obsérvelas siempre con atención para poder controlar los cambios en su fortuna y en su estado de salud.

La cuestión es que, al igual que el color y la textura de su mano (palma) afecta a su lectura, el color y la textura de las uñas también tiene un impacto significativo en la lectura de la palma. Un quiromántico experimentado y profesional puede considerar todos los factores antes de sacar conclusiones. A continuación, los elementos y cómo definen la forma de la mano.

Capítulo 7: La lectura de los elementos - La forma de la mano

Recuerde que en un capítulo anterior hablamos de los tipos de mano basados en la forma. Pues bien, existe otra forma de determinar la forma de la mano. Los elementos de la mano son una forma fácil de categorizar las diferentes formas de la mano. En la década de 1960, Fred Gettings estableció este método de clasificación de las manos basado en elementos. Este método se ha utilizado desde entonces en la lectura de la mano. Si es nuevo en la lectura de la mano, los elementos pueden ser un excelente punto de partida para sus lecturas. Comenzando con la forma de la mano hace que la lectura sea más sencilla y menos complicada en una sesión de lectura de la mano. Es la forma más rápida de obtener una amplia visión de la naturaleza y el carácter del sujeto, ya sea usted mismo u otra persona. Al comenzar con la forma, el sujeto puede estar seguro de que usted está hablando de él.

Una cosa sobre los humanos es que todos somos fieles a nuestro tipo de mano. Suele haber un patrón de comportamiento que siguen las personas con manos de tierra. Suelen ser proveedores y estables. Una mano de aire se encuentra en personas que disfrutan de la estimulación mental. Las manos de fuego significan que la persona es activa y volátil hasta cierto punto. Una mano de agua sugiere que el sujeto es sensible, creativo y emocional. La comprensión de los cuatro elementos puede influir en su comprensión de un individuo y de su funcionamiento. Y lo que es más importante, también debe comprender sus variaciones, complejidades y combinaciones.

Mano de aire

Las manos de aire tienen palmas cuadradas y dedos largos. En apariencia, suelen ser largas y delgadas. El aire es vital para la vida, aunque tenemos tendencia a darlo por sentado. Muchas personas ni siquiera se acuerdan del aire, a no ser que haga mucho viento o tengan una afección respiratoria. El aire es fundamental para varios aspectos de la vida, incluida la comunicación.

Un individuo con manos de aire es un pensador. Esta persona funciona en un mundo de pensamiento. Suelen ser altos, lo que significa que tienen huesos ligeros en comparación con otros elementos. Las manos de aire tienen un aspecto ligero, a diferencia de las manos de tierra, que tienen un aspecto pesado y denso. La palma cuadrada de una mano de aire sugiere un sentido de realidad, practicidad y estructura. Esto significa que las personas con mano de aire son sistemáticas, estratégicas y prácticas en su enfoque de los problemas. Suelen consumirse con la lógica, la planificación, las ideas, la estructura y los pensamientos.

La mano de aire indica una cualidad de inquisición. Las personas con mano de aire siempre quieren saber el cómo y el porqué de una situación. Por lo tanto, siempre intentan mejorar su conocimiento y comprensión de cualquier cosa. Buscan perfeccionar y profundizar. Por ello, a los individuos manos de aire les gusta más el trabajo técnico que otros tipos de trabajo. Su curiosidad y su naturaleza cuestionadora pueden hacer que se les considere neuróticos. En realidad, tienen tendencias neuróticas. A las personas con manos de aire les gusta participar en debates y discusiones lógicas. Les encanta estructurar las cosas y ponerlas en perspectiva para los demás. También puede ser por eso que les gusta intercambiar planes, ideas e información con los demás. Ser de mano de aire representa un amor por los intercambios verbales y vocales, lo que probablemente sea la razón por la que los individuos de mano de aire responden de forma excelente a la información auditiva.

Las manos de aire expresan una necesidad de conversaciones mentalmente estimulantes. Por lo tanto, una persona de manos de aire siempre buscará la inteligencia y la estimulación mental en su pareja. Prefieren estar solos a estar con alguien con quien no puedan entablar conversaciones estimulantes. Son inconformistas y extravagantes, pero de forma simpática. Su excentricidad a veces atrae a la gente. Las manos de aire resultan ser grandes instructores y profesores por su profunda capacidad de comunicación. Y son más lógicos que emocionales. Ponen los pensamientos por encima de todo, lo que a menudo les hace descuidar sus emociones y a veces a sus seres queridos. Entonces no pueden comprender la sensibilidad de otras personas ni saber cómo responder emocionalmente a las situaciones.

Estas personas suelen tener un sistema nervioso sobrecargado, resultado de múltiples actividades cognitivas a la vez. Tienen tendencia a pensar demasiado en las cosas, por lo que su sistema nervioso está siempre en funcionamiento. Una persona con mano de aire puede ser más propensa a los trastornos mentales que otros elementos debido a su tendencia a pensar y analizar en exceso las situaciones. Sin una procesión clara de pensamientos en su cabeza, los individuos mano de aire se sienten frustrados y notablemente estresados. Independientemente de la información que reciban, su primera reacción es siempre "¿cómo?" o "¿por qué?".

A las manos de aire les encanta enfatizar su nivel de consideración. Quieren que sepa lo mucho que piensan. Esperan que les comprenda en cuanto mencionan su nivel de pensamiento lógico. Supongamos que no le ofrece un tema constructivo y positivo en el que puedan realmente poner su mente. En ese caso, es posible que se desarmen mentalmente. A continuación, se presentan los rasgos físicos y las cualidades de las manos de aire para facilitar su identificación.

- Manos cuadradas con dedos largos
- Puntas de los dedos redondeadas
- Montes planos y huesos ligeros
- El dedo medio es 7/8 de largo
- Líneas prolongadas y múltiples en la palma de la mano
- Flexibilidad, adaptabilidad y pasión
- Gran capacidad de comunicación
- Aprendizaje rápido

Mano de tierra

Al igual que las manos de aire, las manos de tierra tienen una palma cuadrada. Pero a diferencia de las manos de aire, tienen dedos cortos. Por lo tanto, cuando vea una combinación de palmas cuadradas y dedos cortos en una persona, puede estar seguro de que son manos de tierra. Una mano de tierra suele ser fuerte, regordeta y firme, con menos líneas que otros elementos.

Las personas con manos de tierra son las más resilientes. Suelen tener un fuerte impulso e instintos. Combinan lo práctico con lo material y lo físico porque se preocupan por las tres cosas. Como puede deducirse, tienen los pies en la tierra, son firmes y están seguros de sí mismos. Les gusta seguir la rutina y anhelan la estabilidad, por lo que trabajan en campos que ofrecen estabilidad. A las manos de tierra les gusta proveer, al igual que la madre tierra provee a todas las cosas de la tierra. Una persona con manos de tierra puede compararse con la mano madre, la montaña y la roca, todo a la vez. Así es como disfrutan apoyando a las personas que les rodean. Se sienten mejor cuando tienen un papel de apoyo.

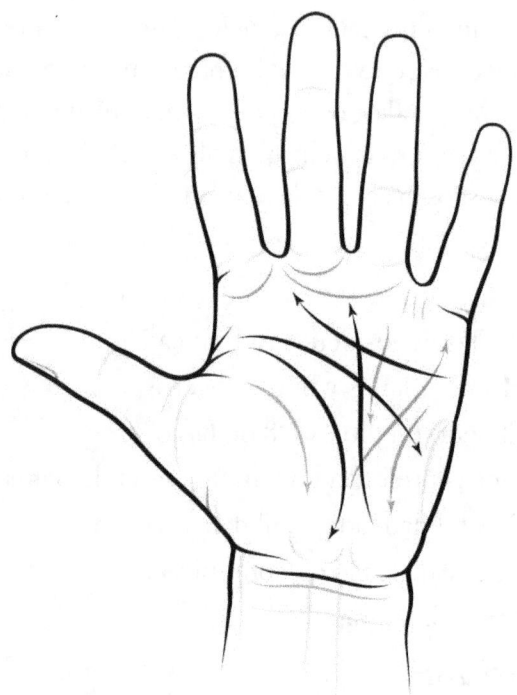

Las manos de la tierra también tienen una inmensa fuerza física y son duras y resistentes. Las actividades manuales les proporcionan la máxima satisfacción. Les gusta ser prácticos, por lo que son buenos artesanos. Las personas con manos de tierra tienen una fuerte inclinación por un estilo de vida estable; no les gustan las prisas. Son fiables, honestos y tienen los pies en la tierra. Les gusta tener un sentido del ritmo en sus actividades diarias. No pueden renunciar a la estructura por cualquier otra cosa. Sus dedos cortos les permiten pensar con rapidez.

Las manos de tierra llaman a las cosas como son, lo que las hace más contundentes que la mayoría. No saben colorear las palabras para atenuar el impacto. Su palma ancha y cuadrada indica una actitud dominante. Quieren que su presencia se sienta en cualquier entorno en el que se encuentren. A diferencia de los elementos agua y fuego, rara vez se ven afectados por su entorno o ambiente. Ganar dinero suele ser la motivación y la prioridad del trabajo, pero no renuncian a la practicidad por ello. No pueden trabajar en un lugar donde las cosas no sean reales, físicas y prácticas. A pesar de su gusto por el dinero, las manos de tierra suelen hacer un buen trabajo. Están orientados a los resultados.

Una persona con mano de tierra es leal, testaruda, reservada, conservadora y productiva. Odian malgastar sus recursos, ya sea dinero, tiempo o energía. Las personas con manos de tierra no suelen acudir a las lecturas de la mano. Su gusto por el dinero se basa en la necesidad de algo que les proporcione estabilidad y seguridad. Las manos de tierra rara vez son académicas porque prefieren utilizar sus manos en lugar de hablar de cosas intangibles. No les gusta hablar de sus sentimientos, por lo que construyen un cerco entre ellos y los demás.

Las manos de tierra tienen una constitución robusta y vital. Su digestión es lenta, pero firme, y tienden a almacenar cosas. Comen con menos frecuencia que las manos de aire. La Tierra tiene que ver con la robustez y la resistencia, lo que significa que una persona con manos de aire es probable que tenga una fuerte resistencia y parezca físicamente voluminosa. Supongamos que necesita apoyo de los elementos. En ese caso, es mejor acudir a un tipo de tierra porque son fiables y de confianza.

Puede ayudar a una persona con manos de tierra ayudándole a establecer un sentido de rutina y estructura en su vida. Esto les ayudará a sentirse más arraigados y seguros. Además, debería realizar actividades que requieran conectar con la Madre Tierra, como construir cosas, pasar tiempo al aire libre, etc. Y, lo que es más importante, ayúdales a comprender su tendencia a resistirse al cambio o a estancarse en la rutina. He aquí los rasgos físicos y las cualidades para identificar una mano de tierra.

- Palmas cuadradas y dedos cortos
- Huesos grandes y dedos rígidos
- Montes fuertes y firmes que suelen ser carnosos
- Pocas líneas en la línea
- Los montes son a veces planos con palmas rígidas
- El dedo medio ocupa 3/4 partes de la palma
- Son buenos con las habilidades y actividades manuales
- Les encanta establecer una estructura y una rutina
- Conservador, reservado y ligeramente posesivo
- Propensos a reacciones volátiles si se les presiona

Mano de agua

La mano de agua se reconoce por su palma estrecha y sus dedos largos. Esta combinación sitúa a la persona en el mundo de los pensamientos, los sentimientos y las emociones. La palma estrecha significa que la persona es sensible a su entorno, mientras que sus dedos largos significan que también pasa tiempo en su mente. Las manos del elemento agua hacen que la persona sea cariñosa, emocional, artística e intuitiva. A las personas con manos de agua les gusta hablar de sus pensamientos y sentimientos y de los de otras personas. Pueden pasar un día entero discutiendo y analizando alegremente las relaciones de la gente.

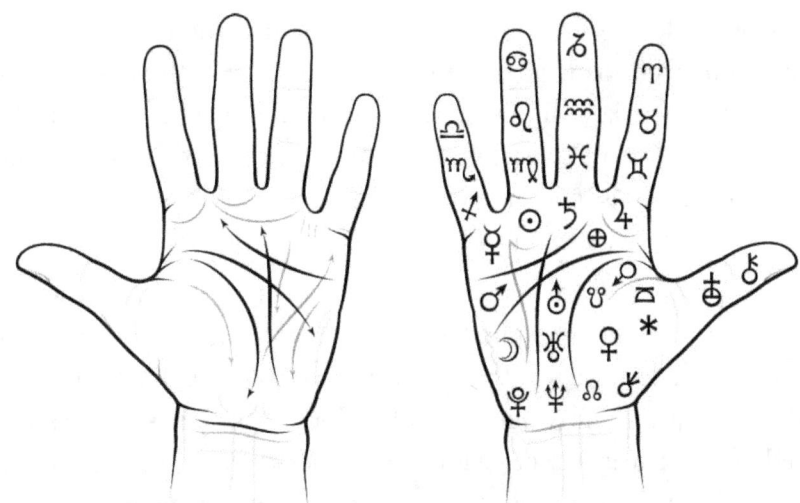

Una persona de agua se toma en serio a las personas y las relaciones. Esto contrasta con las personas del elemento fuego, que no se preocupan por las relaciones ni por nada remotamente parecido. Las personas del elemento agua dan lo mejor de sí mismas cuando ayudan a la gente, especialmente con problemas emocionales. Les encanta estar con la gente. Además, toman muchas decisiones basadas en sus sentimientos. Valoran mucho los sentimientos, por lo que se preocupan más por las personas que por cualquier otra cosa. Son empáticos. Por lo tanto, son grandes terapeutas, sanadores, consejeros, cuidadores, ayudantes, etc. No tienen inclinación por lo material.

Las manos de agua también están muy en sintonía con su lado creativo. Necesitan una salida para expresar su creatividad y su lado artístico con regularidad. Su lado creativo puede adoptar diferentes formas, pero lo común es que expresen sus emociones a través de procesos creativos. Son buenos pintores, escritores, etc., cualquier actividad que les obligue a utilizar su creatividad es gratificante y satisfactoria. Hay que tener en cuenta que no es necesario que sean grandiosos en las actividades creativas en las que participan. Lo que importa es el sentimiento que les produce el proceso.

A pesar de su creatividad, las manos de agua tienen dificultades para triunfar en los negocios en comparación con otros elementos. No les va bien la competencia, que abunda en el mundo de los negocios. El éxito en los campos competitivos es menos probable para las personas con manos de agua. Las manos de fuego se desenvuelven mejor en entornos competitivos.

Para prosperar y superarse, las manos de agua necesitan estar en un entorno en el que puedan hacer lo que mejor saben hacer, interactuar, socializar y establecer vínculos con la gente. No pueden trabajar bien a menos que sea alrededor de personas con las que puedan compartir sus emociones. Las personas así son de mente abierta y fácilmente impresionables. Son propensos a ser influenciados por su entorno. Físicamente, tienen un aspecto juvenil con una textura de piel suave. Es probable que sean regordetes y que engorden rápidamente. Son fáciles de llevar y sencillos, lo que se refleja en la elección de su ropa. Las líneas de sus manos son delicadas y suaves. También les atraen las prácticas espirituales y etéreas.

Una persona con mano de agua tiende naturalmente a vivir con la cabeza en las nubes. Por ello, necesitan a alguien que les mantenga con los pies en la tierra y estructurados. Aconsejarles que establezcan una rutina puede ser de gran ayuda. Además, dedicarse a pasatiempos que impliquen actividades físicas, como la jardinería, les ayudará a vivir más fuera de sus cabezas. Es una plataforma fiable para que pongan en práctica sus otras cualidades sin ahogar su lado creativo. Los siguientes son algunos rasgos físicos y características que pueden ayudarle a identificar a una persona con manos de agua.

- Palmas estrechas y rectangulares y dedos largos
- El dedo medio ocupa 7/8 de la palma y los dedos son más largos que la anchura de las palmas
- Dedos y nudillos muy flexibles
- Líneas finas y frágiles en las palmas

Mano de fuego

Las palmas estrechas y los dedos cortos definen las manos de fuego, y son lo contrario de la mano de agua en este sentido. La combinación de la palma y los dedos hace pensar que las personas con mano de fuego son personas que siempre buscan estímulos. La palma estrecha representa que su entorno les influye. Los dedos cortos significan que experimentan pausas regulares en sus pensamientos. Sus pensamientos son generalmente cortos y breves.

Las personas con manos de fuego no saben quedarse sin hacer nada. Siempre tienen que estar haciendo algo. Se sienten mejor cuando trabajan para conseguir algo. Su ardiente pasión hace que sea esencial para ellos satisfacer su necesidad de realización. A las manos de fuego les encanta estar ocupadas y tener actividad física. Pueden lograr mucho en un día. Si no pueden desahogarse a través del trabajo físico, pueden llegar a sentirse visiblemente frustrados. Esto puede conducir a un comportamiento agresivo.

Naturalmente, las manos de fuego son competitivas, impulsivas e intensas. Esta naturaleza les permite desenvolverse bien en actividades deportivas. Se desenvuelven bien en cualquier entorno que fomente la competición. Siempre se puede contar con ellos para estar a la altura de las circunstancias y adaptarse a los cambios. A una persona con manos de fuego le resulta difícil y frustrante trabajar con otras personas. Antes de trabajar con la gente, tienen que estar seguros de que adoptarán un papel activo. No les gusta ser pasivos. Cuando se piensa en una mano de fuego, se piensa en alguien impulsivo, competitivo, apasionado, agitable y llamativo. A las manos de fuego típicas les encantan los retos.

Las líneas de sus manos tienen un aspecto distintivo. Suelen tener un toque de rojo y parecen profundamente grabadas. Cuando vea líneas como estas en la mano de alguien, puede estar seguro de que tiene el elemento fuego, independientemente de la longitud de sus dedos o de la forma de su palma. Las líneas sugieren intensidad e inquietud, típicamente inexistentes en otros elementos.

Para ayudar a un individuo con mano de fuego, lo mejor es encontrarle un estímulo físico. Por ejemplo, si usted tiene las mano de fuego, debe tener siempre suficiente descanso y relajación para evitar agotarse. Las mejores formas de relajarse son la natación, el yoga, los paseos y otras actividades que impliquen "hacer". Las siguientes son cualidades y rasgos para identificar a una mano de fuego.

- Palmas estrechas y rectangulares con dedos cortos - similar a la mano de tierra
- Palma de color rojo que indica vivacidad y vitalidad
- Manos profundamente grabadas, claras y rojizas
- Se toma el trabajo muy en serio
- Orientado a los objetivos y a los resultados

Basándose en los elementos anteriores están las diferentes formas de manos. Algunas personas tienen manos con una mezcla de estas cualidades y características. Se llaman manos mixtas, y suelen tener un rasgo dominante de un elemento. Para leer una mano mixta, asegúrese de entender los cuatro elementos y lo que debe buscar.

Capítulo 8: La lectura de los dedos

La longitud de los dedos tiene diferentes significados y puede decir mucho sobre la personalidad. Tenga en cuenta la longitud, la configuración, el patrón de las huellas dactilares y otras características esenciales. Pero antes de tener en cuenta estas cosas, debe saber también qué representa cada dedo. Además, tenga en cuenta que la proporción de los dedos en relación con los demás es crucial en las lecturas. Cada dedo representa una marca de carácter y la fuerza de ese carácter. En resumen, esto significa que cada uno de sus dedos representa la cualidad y la fuerza de esa cualidad.

PARTES DE LA MANO

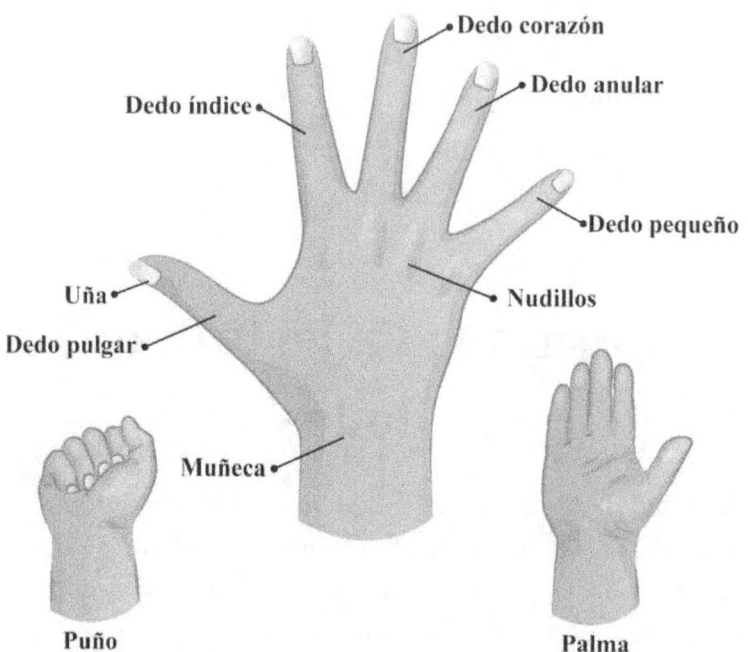

El dedo índice marca la ambición, el impulso, el ego y la confianza.

El dedo medio marca el equilibrio y la disciplina.

El dedo anular marca la creatividad y la expresividad emocional.

El dedo meñique marca la capacidad de comunicación.

- Cuando el dedo índice llega hasta la base de la uña del dedo medio, indica un ego equilibrado.
- Si el dedo anular llega hasta la base de la uña del medio, sugiere emociones equilibradas.
- Un dedo índice que llega más allá de la base de la uña del medio representa una gran confianza.

- Cuando el dedo anular llega por encima de la raíz de la uña del medio, eso muestra impulsos emocionales y creativos.
- Un dedo índice que no se extiende más allá de la base de la uña del medio retrata una falta de confianza.
- Cuando el dedo anular no sobrepasa la base de la uña del medio, indica emociones bloqueadas.
- Un dedo medio que se separa prominentemente de los otros dedos sugiere una naturaleza severa e intensa.
- Un dedo meñique separado de la mano indica una personalidad franca e independiente.

Además de los dedos en sí, los signos que se encuentran en los dedos también afectan significativamente a la lectura de la mano. Son significativos para desentrañar la individualidad y el patrón de pensamiento. A continuación, los signos que suelen aparecer en los dedos.

- **Jabalina:** Este es un signo en forma de flecha que se muestra en la falange superior del dedo. Cuando usted ve esto en su dedo o en otra persona, sugiere un alto intelecto y capacidad mental. Un individuo así tiene éxito en condiciones extenuantes y adversas. Pueden adaptarse a las necesidades de su entorno, lo que les facilita estar en cualquier lugar. Pueden desarrollar problemas cardíacos en la vejez.
- **Tienda de campaña:** Si hay un signo en forma de tienda en alguna de las falanges, indica bondad de corazón y capacidad artística. Las personas así pueden llegar a lo más alto de la sociedad con su talento. Pero también tienden a aprovecharse de otras personas para facilitar su ascenso a la cima. El signo de la tienda de campaña en el dedo muestra desequilibrio mental y antecedentes familiares problemáticos.

- **Círculo:** Si tiene un signo de círculo en la mano, se considera auspicioso. Significa que tiene una mentalidad independiente. Se esfuerza por ser original en todo lo que hace. También muestra una inclinación hacia el liberalismo y las creencias modernas.
- **Triángulo:** Un signo de triángulo en el dedo retrata el misterio. Las personas con este signo tienden a ser misteriosas en su forma de pensar y actuar. Les encanta estar solos y se les puede describir como ortodoxos. Disfrutan trabajando en sus cuerpos para hacerlos más fuertes, por lo que pueden tomar las actividades de culturismo como un hobby.
- **Arco:** Un arco en el dedo significa pereza y desconfianza. Esta persona puede desconfiar de los demás. No creen en sí mismos ni en la gente que les rodea. Como resultado, les gusta crear una forma de ilusión a su alrededor. Suelen prosperar en carreras que giran en torno al misticismo, como la de detective.
- **Estrella:** A veces aparece como el signo de la cruz. Es una indicación de fortuna y buena suerte. Si aparece un signo en forma de estrella en su dedo, no se sorprenda cuando la gente le envíe dinero y regalos de forma inesperada. Desde el punto de vista económico, siempre estará contento y satisfecho.
- **Rectángulo:** Una persona con un signo de rectángulo en su falange es laboriosa, próspera y genuinamente feliz en la vida.
- **Red:** Un signo en forma de red en el dedo retrata los desafíos, los obstáculos y las dificultades en el camino para cumplir el propósito de la vida. Algunos con este signo superarán todos los bloqueos en su camino hacia el éxito y saldrán indemnes. Pero suelen estar menos cómodos y contentos con su vida. Este signo suele aparecer en las manos de culpables o pequeños delincuentes.

Algunas personas tienen una combinación de estos signos en sus dedos. Cuando esto ocurre, estas personas disfrutan de los significados combinados de los signos. Para hacer un análisis preciso de cualquier signo(s) que ve en sus dedos, considere cuidadosamente todos los significados comparados entre sí.

La forma en que una persona lleva los anillos en sus dedos puede mostrar su carácter interior, más que el que expresa a la gente que le rodea. Si alguien lleva varios anillos en la mano, podría significar que tiene un cerco emocional entre ellos y otras personas. También podría significar que dependen de la validación externa para seguir emprendiendo.

- Un anillo en el dedo índice indica ambición y necesidad de aumentar el ego.
- Un anillo en el dedo medio sugiere una naturaleza materialista y mundana.
- Llevar un anillo en el dedo anular es convencional. Pero supongamos que el anillo es más de uno o más prominente de lo habitual. En ese caso, señala la presencia de una frustración creativa y emocional.
- En el dedo meñique, un anillo retrata las dificultades para expresar la sexualidad.

Hay huecos entre los dedos. Estos huecos o espacios se llaman pliegues interdigitales. Reflejan el pensamiento, la fortuna, el comportamiento y los logros. Para comprobar el espacio entre los dedos y sus significados, debe relajar la mano y mantenerla plana sobre una superficie. Asegúrese de que no hay presión.

- Un espacio amplio e igual entre los dedos representa el amor, la audacia, el entusiasmo, la libertad y la acción.
- Un espacio estrecho entre los dedos anular y medio revela una inclinación por la libertad. También sugiere una incapacidad para abordar los asuntos con cautela. Con este tipo de espacio, usted es la persona que disfruta haciendo

un plan detallado y a largo plazo para su futuro. También es muy considerado.

- Si tiene un gran espacio entre el dedo anular y el medio, sugiere que no le gusta estar limitado. No se preocupa por el futuro porque está en buenas condiciones materiales. Procrastina y deja las cosas para el último momento.
- Un espacio amplio entre el dedo medio y el índice sugiere un pensamiento independiente. Significa que no le gusta que la gente interrumpa o interfiera en sus pensamientos. Es testarudo y de carácter fuerte.
- Si tiene un espacio amplio entre el dedo meñique y el anular, sugiere que no le gusta estar bajo control. Quiere ser su propia persona sin la interferencia de nadie.
- Si las yemas de los dedos tiemblan cada vez que abre las manos, es posible que sufra de fatiga. También puede ser un signo de disfunción sexual.

Otra forma es poner la mano en estado de relajación y luego doblar los dedos para leer los espacios.

- El poco o ningún espacio entre los dedos sugiere que es conservador, práctico, ahorrativo, reflexivo y cuidadoso. Sin embargo, también es terco, egoísta e inflexible. Los dedos suaves y sin espacio significan que le gusta el trabajo constante y disfrutar del dinero.
- Los espacios amplios entre sus dedos indican ambición y temeridad. Tiende a ser rígido en sus costumbres, lo que puede acarrear pérdidas económicas y financieras. Es algo irreflexivo. Unos dedos muy separados con una línea de corazón que atraviesa su dedo medio sugieren extravagancia y fastuosidad.

- Un amplio espacio entre el dedo medio y el índice muestra que no se ciñe a las reglas porque le gusta el librepensamiento. También indica un nivel saludable de autoconciencia. Respeta los sentimientos y las acciones de los demás, aunque no le importen necesariamente. Vive una vida independiente.
- Su dedo anular le habla de su suerte en las relaciones. El dedo medio revela el desarrollo de la carrera. Si tiene un espacio estrecho entre ambos dedos, significa que su relación romántica y su carrera están estrechamente unidas. Por ejemplo, su carrera puede hacer que termine una relación. O bien, usted alcanza un logro profesional importante gracias a su relación. Un espacio amplio entre ambos dedos sugiere un carácter imprudente y la falta de un plan de futuro. Si el espacio es aún más amplio, significa que sus relaciones sufrirán giros y cambios. Es posible que participe regularmente en conflictos con su pareja.
- Un espacio amplio entre el dedo meñique y el anular indica mala suerte. Le resulta difícil encontrar benefactores o recibir ayuda de la gente. Independientemente de su estado, es la única persona con la que puede contar. Y necesita mejorar sus relaciones interpersonales y aprender a respetar más a los demás. Un espacio más amplio con el dedo meñique ligeramente doblado indica una mala relación con sus hijos en la vejez.
- Si el espacio entre el dedo índice y el pulgar es amplio, significa que es de mente amplia y amable por naturaleza. Pero un espacio estrecho sugiere estrechez de miras, dependencia y necesidad de control. Si se relaja y abre la mano y consigue un espacio amplio entre el pulgar y el índice, sugiere que ama su libertad.

La longitud de un dedo puede proporcionar información variada sobre el carácter de una persona. Puede utilizar la longitud para obtener información más profunda sobre usted o sobre un sujeto en la lectura de la mano. A continuación, se explica lo que cada dedo le dice en función de la longitud.

• **Dedo índice:** En la lectura de la palma de la mano, el dedo índice representa el deseo de poder y dominación. Cuanto más largo es el índice, más fuerte es el deseo. Los individuos con dedos índices largos suelen ser ambiciosos, agresivos e indomables. Ascienden rápidamente a posiciones de autoridad. Si el dedo índice tiene una longitud similar a la del dedo medio, sugiere una personalidad dura y ostentosa. Alguien con esta longitud gasta tanto como gana. El ahorro es difícil para ellos, por lo que pueden necesitar aprender a controlar sus hábitos de gasto y consumo. Los dedos índices más largos también reflejan una naturaleza emprendedora. Las personas con este dedo tienen una excelente capacidad de gestión y comunicación. Por tanto, pueden establecer buenas relaciones sociales e interpersonales con los demás, aunque también pueden ser controladoras. Un dedo índice más corto sugiere celos y competitividad. Las personas con dedos índices cortos tienen buena suerte en el amor, pero pueden experimentar dificultades en otros aspectos de su vida.

• **Dedo medio:** Como ya sabe, el dedo medio es el más largo de los cuatro dedos. Representa la suerte y el destino, y cuanto más largo, redondo y recto sea su dedo medio, mejor para usted. Un dedo medio recto, redondo y largo indica un buen destino y fortuna. Si tiene este tipo de dedo, experimentará favores en su carrera, relaciones y finanzas. Un dedo medio corto y oblicuo con inclinación hacia el dedo índice indica persistencia en el trabajo. Si se inclina más hacia el dedo anular, sugiere una obsesión por la familia. Un dedo medio irregularmente grueso indica impulsividad e impaciencia. Algunas personas con este tipo de dedo necesitan aprender a controlar sus emociones para evitar hacer cosas de las que podrían arrepentirse. Si la longitud del dedo medio está unos centímetros por encima de los demás dedos, es un signo de prosperidad, riqueza y salud en la edad madura. Un dedo medio relativamente corto, casi de la misma longitud que los demás dedos, sugiere impaciencia por el trabajo. Esta persona cambia de trabajo con frecuencia. Pero también tiene una condición financiera y una vida amorosa estables.

• **Dedo anular:** Este dedo representa las relaciones románticas y familiares. Un dedo anular que se inclina hacia el meñique representa a alguien que apoya a sus hijos. Cuando se inclina hacia el dedo medio, retrata a un miembro de la familia responsable y solidario. Un dedo anular que tiene casi la misma longitud que el dedo medio muestra el amor por las apuestas y el juego. Un dedo anular relativamente largo significa que tiene una visión única de su carrera. Sin embargo, un dedo anular corto sugiere individualidad y carácter realista. Las personas así son constantes y rara vez se arriesgan.

• **Dedo meñique:** El dedo meñique tiene que ver con sus hijos y su generación. Si tiene un dedo meñique corto y torcido, es una señal de que sus hijos pueden causarle preocupaciones en el futuro. Además, el dedo meñique también representa la elocuencia y la sabiduría. Los fisonomistas lo llaman el *segundo pulgar*.

Observe que a lo largo de este capítulo he mencionado varias veces los dedos doblados o torcidos. Rápidamente, analicemos lo que significan los dedos torcidos o doblados para el propietario.

¿Qué significa que una persona tenga los dedos doblados?

No es raro que la gente tenga los dedos ligeramente torcidos o doblados. El hecho de que un dedo esté torcido representa una variación en los rasgos que el dedo representa. A veces, un dedo ligeramente doblado puede inclinarse hacia otro dedo, que es recto. Cuando esto ocurre, ese dedo representa el presente en lugar de algo del pasado o del futuro. Un dedo doblado cede parte de su fuerza al dedo de al lado. Cuando todo el dedo tiene una curva, significa que el dedo gana fuerza del otro dedo.

En otras palabras, el dedo doblado hacia otro dedo está reforzando las cualidades del otro dedo. Así, si el dedo anular se inclina hacia el meñique, le está dando fuerza. Pero si se inclina hacia el dedo medio, está sacando fuerza del dedo medio.

Un dedo índice torcido se curva hacia el dedo medio y, cuando esto ocurre, puede significar un par de cosas diferentes. En primer lugar, puede representar un patrón de incertidumbre sobre su dirección y las decisiones que toma en la vida. También puede sugerir una necesidad de seguridad y estabilidad en su vida. Otro posible significado es que la persona tiene una personalidad celosa y es insegura en sus relaciones. Cuando los cuatro dedos están doblados hacia adentro, esto muestra una personalidad tímida o insegura. También podría significar que una persona es astuta y egoísta. Cuando los dedos están doblados juntos hacia adentro, muestra una falta de apertura hacia los demás. Las personas con los dedos doblados hacia dentro pueden tener una visión distorsionada de la realidad. Esto podría empujarles a realizar actividades ilícitas o corruptas, sobre todo cuando también tienen el dedo medio corto.

Un dedo anular torcido es un signo de astucia. Si se curva hacia el dedo medio, absorbe ciertas cualidades y fuerza del otro dedo. Es típico de los artistas. Además, muestra una naturaleza seria y responsable con una alta presencia de creatividad. Un artista con el dedo anular torcido puede hacer trampas para conseguir oportunidades. Si el dedo medio se inclina ligeramente hacia el anular, sugiere una expresión creativa limitada. Esto podría deberse a responsabilidades y compromisos familiares. Si el dedo anular se aleja del dedo medio, es lo contrario a la creatividad. Sugiere que se trata de una persona tranquila y poco expresiva. A esta persona le gusta vivir sola y mantenerse alejada de los demás. Son compulsivos con las cosas que les importan. Por lo demás, no se preocupan en general.

Normalmente, el dedo medio es largo y recto. Pero en algunas personas puede estar doblado. Cuando se tiene un dedo medio doblado, sugiere una inclinación hacia lo extraordinario. Las personas con el dedo medio doblado rara vez siguen las rutinas. Tampoco son muy buenos en la toma de decisiones. Todo depende de la dirección hacia la que se inclina el dedo. Es difícil detectar la curvatura del dedo medio porque es sutil. Pero se puede ver mirando desde el dorso de la palma de la mano. Los significados cambian según la dirección. Cuando se dobla hacia el dedo anular, da fuerza a la naturaleza creativa de la persona. También indica un patrón de incertidumbre, presión y depresión. Si se inclina hacia el dedo índice, lo cual es poco frecuente, sugiere una personalidad extrovertida.

El dedo meñique puede estar curvado desde el nacimiento o a medida que se crece. La curvatura del dedo meñique puede indicar confianza en la comunicación. Un dedo meñique curvado desde el nacimiento habla del carácter, mientras que uno que se curva en los años de crecimiento habla de la historia de una persona. En general, un dedo meñique curvado muestra cómo se comunica una persona con los demás. Cuando el meñique se inclina hacia el dedo anular, absorbe de él. Esto sugiere un nivel de alerta, tacto y astucia. Cuando se aleja del dedo anular, muestra una persona muy diplomática e independiente.

Además, la forma en que los dedos están colocados en la palma de la mano refleja rasgos específicos de la personalidad. Si los dedos están colocados de manera uniforme, significa que tiene confianza y éxito. Una colocación irregular de los dedos indica falta de confianza, sobre todo en el caso de los dedos bajos. Una colocación arqueada de los dedos significa que tiene una personalidad equilibrada.

Leer el pulgar

El pulgar representa toda la mano. Se le da mucha importancia en la lectura de la mano. El pulgar se considera más importante que las líneas de la mano en la quiromancia. El pulgar puede revelar toda su identidad sin consultar otros rasgos. Por ello, se considera la raíz de la mano. También se le llama el centro de la fuerza de voluntad. La falange superior del pulgar representa la lógica, mientras que la falange inferior representa la fuerza de voluntad.

Cuanto más larga sea la primera falange del pulgar determina directamente la fuerza de voluntad de una persona. Una persona con una falange del pulgar prolongada tiene voluntad propia. Con una falange más larga, esa persona no tiene ganas de trabajar. Una falange más corta significa una voluntad propia más débil. Si la parte delantera del pulgar es cuadrada, significa que se trata de una persona competente en asuntos legales y muy respetada. Una parte delantera del pulgar ancha significa que esa persona es obstinada. Si la parte delantera es larga, la persona tiene tendencias antisociales. Si la segunda falange del pulgar es larga, significa que la persona es inteligente, cuidadosa y social. Esta persona es muy respetada y se considera importante. Una falange corta sugiere a alguien que actúa sin previsión. Esta persona puede actuar con torpeza debido a la falta de razonamiento.

Hay siete tipos de pulgares. Incluyen:

- **Pulgar largo:** Autodeterminado, autodependiente y controlador. Considera que la inteligencia es vital. Normalmente se interesa por la ingeniería y las matemáticas.

- **Pulgar corto:** Fácilmente influenciable por los demás. Más emocional que inteligente. Típicamente interesado en la música, la poesía y la pintura.

- **Pulgar duro:** Alerta, consciente de sí mismo y obstinado. Capacidad de guardar secretos. Carece de emociones, pero es muy inteligente.

- **Pulgar flexible**: Interesado en acumular riqueza. Capaz de adaptarse a las circunstancias.
- **Pulgar Obtuso-Angulado:** Gentil y de temperamento dulce. Típicamente interesado en la música y las actividades artísticas.
- **Pulgar acutángulo:** Indolente, derrochador y extravagante. Atraído por las actividades corruptas.
- **Pulgar en ángulo recto:** De mal genio, pero confiable. Trabajador, pero se mantiene neutral en las relaciones. Naturaleza vengativa.

Estos son los diferentes tipos de pulgares y su significado. Al leer el pulgar, considere la longitud y la forma.

Capítulo 9: La lectura de los montes y las llanuras

Los montes son una de las cosas más difíciles de leer en quiromancia. Son las protuberancias de carne en las palmas. Leerlos es una forma avanzada de lectura de la mano que lleva bastante tiempo aprender. Se encuentran cerca de la muñeca. Se llaman montes porque parecen montañas en la palma. En quiromancia, tenemos múltiples montes, todos ellos con nombres de planetas. Cada monte representa un carácter diferente en una persona.

Los rasgos que definen a los planetas se encuentran en sus correspondientes montes. El planeta más prominente del horóscopo suele ser el más destacado en la palma. Al leer el grado de desarrollo de las monturas de una persona, se puede conocer su estilo de vida, su inclinación romántica, su carrera y otras cosas. Los siete montes de la quiromancia son:

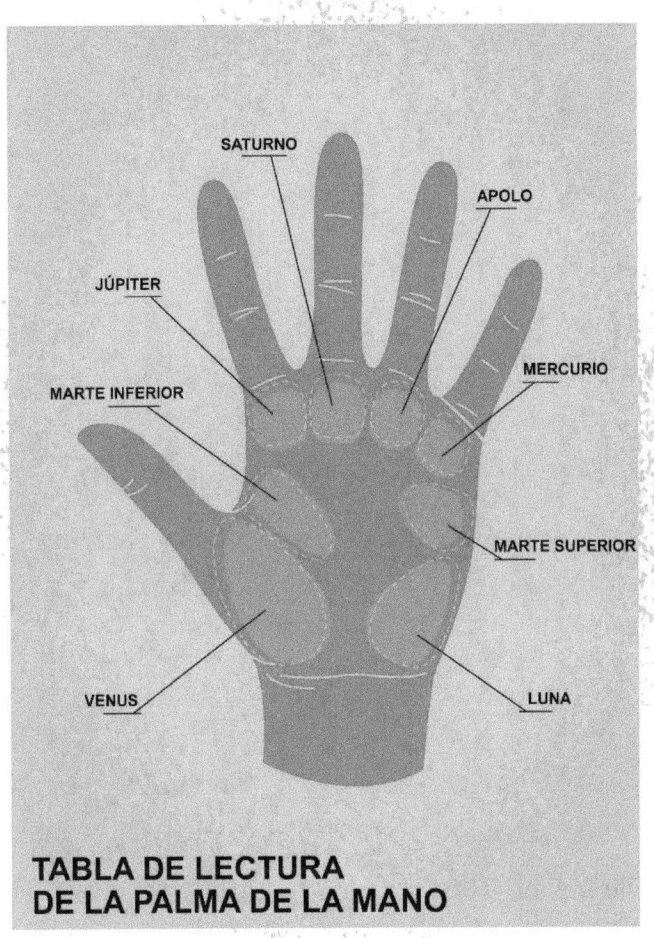

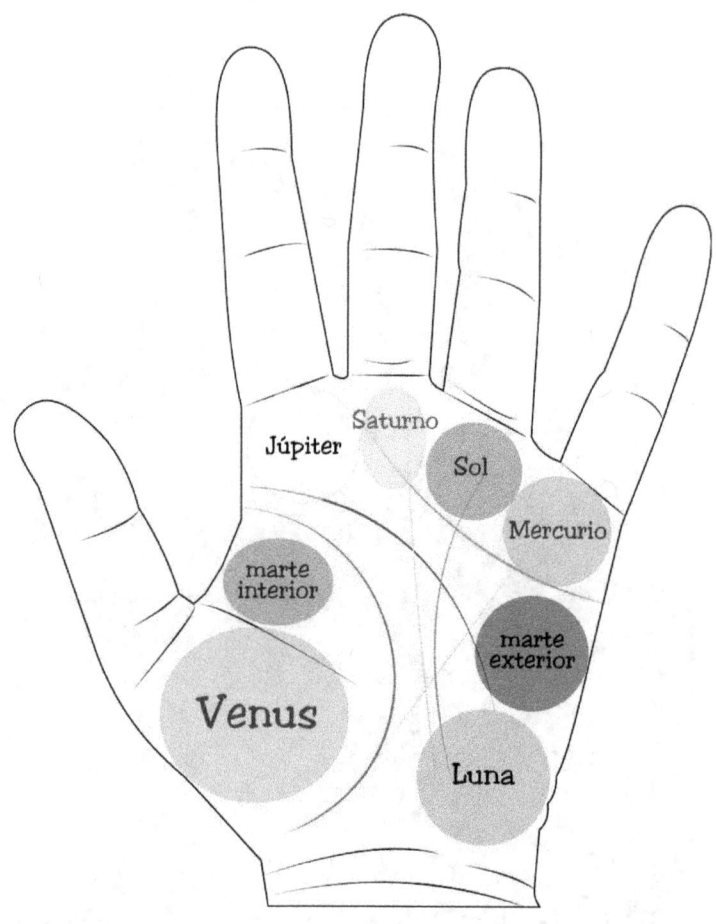

Monte de Júpiter

Ubicación: Base del dedo índice, justo encima del Monte de Marte.

Cualidades: Representa el liderazgo, la autoridad, el poder y la organización.

El Monte de Júpiter es crucial para el progreso. Se dice que ayuda a facilitar el progreso en la vida. Un Monte de Júpiter bien desarrollado y prominente se encuentra en personas que poseen cualidades divinas. Estas personas se preocupan mucho por el respeto a sí mismas. Siempre están dispuestas a ayudar a los demás. Suelen ser cultas e inteligentes. Rara vez se ven molestados o presionados por condiciones difíciles. Los que trabajan como jueces en los altos tribunales suelen tener un Monte de Júpiter totalmente desarrollado. Pueden influir en el público a su favor. También suelen tener una mentalidad religiosa.

Si Júpiter no está bien desarrollado o no es prominente, las cualidades descritas anteriormente faltan mucho. Físicamente, alguien con un Monte de Júpiter poco desarrollado tiene un cuerpo sano y de aspecto corriente. Son de carácter amable y siempre tienen una sonrisa en la cara. Es probable que sean más respetados que ricos. Una persona también puede tener un Júpiter demasiado desarrollado. Cuando esto ocurre, dicha persona es excesivamente orgullosa, egoísta y engreída. La ausencia del monte de Júpiter en las palmas de las manos de un individuo sugiere que les cuesta imponer el respeto de los demás. También carecen de respeto por sí mismos. Incluso de los seres queridos, esta persona no recibe atención ni amor.

Monte de Saturno

Ubicación: Situado en la raíz del dedo medio.

Cualidades: Representa la inteligencia, la integridad, la responsabilidad y el deber.

El desarrollo del Monte de Saturno señala tendencias extraordinarias en una persona. Cuando este monte está bien desarrollado, significa que la persona es realista, independiente, amigable y con habilidades matemáticas. También indica buena fortuna. Pero un individuo con un Monte de Saturno desarrollado puede ser distante con los demás. Se empeñan en alcanzar sus objetivos, lo que les aleja de la familia. Esta persona suele estar absorta en el trabajo. También tienen una naturaleza suspicaz. Son grandes científicos, ingenieros, químicos, etc. Un Monte de Saturno poco desarrollado significa que la persona es superficial, desorganizada, sentenciosa, solitaria y deprimida.

Alguien así tiene tendencias suicidas. Si está sobredesarrollado, la persona es aislada, cínica, pesimista, desconfiada, demasiado cautelosa y obstinada. Esto les aleja de la formación de relaciones sanas y mutuamente beneficiosas. Un individuo sin un Monte de Saturno no tiene importancia en la vida. Sin embargo, es posible que obtenga un reconocimiento especial o que logre algo especial en la vida.

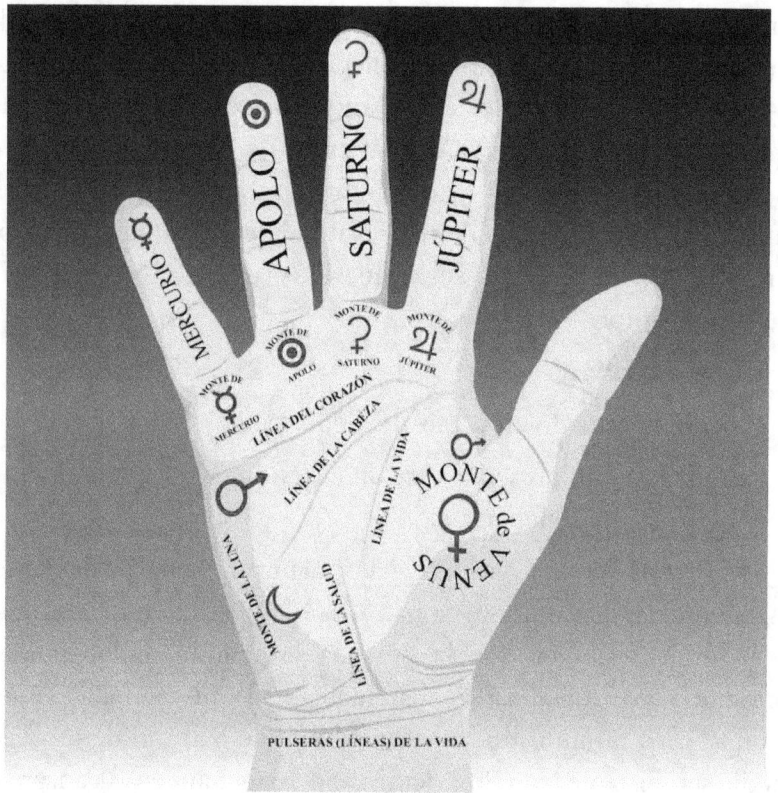

Monte del Sol

Ubicación: Situado en la raíz del dedo anular.

Cualidades: Representa el liderazgo, la riqueza, la seguridad en sí mismo, la confianza, la masculinidad y la pasión.

El Monte del Sol también se llama Apolo. Indica el nivel de éxito de un individuo. Un Monte de Sol prominente indica que una persona es famosa y genial. Muestra una alta probabilidad de alcanzar un alto estatus en la vida. Un Monte de Sol bien desarrollado suele tener un aspecto rosado. Una persona con un monte prominente suele ser alegre y sociable. Les gusta trabajar en proximidad con los demás. Esta persona puede llegar a ser un pintor, un artista o un músico de éxito. Son genios naturales. Además, son directos en su trato con los demás.

Un Monte de Sol bien desarrollado representa la confianza en sí mismo, la amabilidad, la gentileza y la grandeza. Un monte poco desarrollado significa que el individuo es aburrido, incoherente, introvertido y que toma malas decisiones. A esta persona le resultará difícil tener éxito en cualquier campo. Un monte de Sol demasiado desarrollado muestra a un individuo de temperamento caliente y antagónico. Esta persona puede ser envidiosa, orgullosa, pendenciera y derrochadora. La ausencia del monte señala a una persona ordinaria destinada a una vida ordinaria.

Monte de Mercurio

Ubicación: Base del dedo meñique.

Cualidades: Representa la lógica, el sentido práctico, la adaptabilidad y la sabiduría.

El Monte de Mercurio se asocia a menudo con la riqueza y la prosperidad materialista. Un monte bien desarrollado significa que un individuo es ingenioso, flexible, mentalmente fuerte, organizado, sensato y excelente para leer a los demás. También significa que una persona tiene excelentes habilidades de comunicación. Estas personas son expertas en Psicología. Su comprensión de la psicología humana les hace tener éxito en los negocios. Si el monte está poco desarrollado, representa negatividad, timidez, incapacidad para comunicarse eficazmente y poco éxito financiero. Un monte sobredesarrollado se encuentra en personas codiciosas y materialistas y harán cualquier cosa por el dinero. Si el Monte de

Mercurio está ausente, indica que la persona podría empobrecerse durante el resto de su vida. No pueden acumular riqueza ni ganar dinero.

Monte de Venus

Ubicación: Base del pulgar, justo al lado del Monte de Marte Interior.

Cualidades: Representa la belleza, el lujo, el amor, la sensualidad y la apariencia.

El Monte de Venus representa las cosas que conciernen a la pasión. Las personas con Venus bien desarrollado pueden disfrutar adecuadamente del mundo y de sus lujos. Son bellas, tienen clase y son civilizadas. Son saludables e influyentes, y también son audaces y valientes. Se dice que alguien con el Monte de Venus disfruta de las cosas más finas de la vida. Tienen buena suerte con la riqueza, el amor y las relaciones. Sin embargo, cuando el monte está poco desarrollado, sugiere que la persona es insípida, de corazón frío, demasiado crítica y no tiene interés en el romance. También puede ser una persona de carácter débil y cobarde.

Un Monte de Venus demasiado desarrollado sugiere que la persona es promiscua, superficial, materialista, demasiado indulgente y codiciosa. Esta persona siempre busca la gratificación instantánea debido a su falta de fuerza de voluntad. La ausencia del monte significa que la persona se inclina por un estilo de vida ascético. No tiene interés en la vida familiar.

Monte de Marte

Ubicación: Centro de la palma de la mano.

Cualidades: Representa la energía masculina, la acción, la agresividad y el conflicto.

La palma tiene tres diferentes Martes, todos ellos situados en el centro de la palma. Tiene el Marte negativo, el Marte positivo y la llanura de Marte. Cada uno de estos Martes se ocupa de aspectos específicos de las cualidades mencionadas anteriormente.

El Marte Negativo, también llamado el Monte de Marte Interior, está entre Júpiter y Venus. Este Monte representa un rasgo positivo y otro negativo: el entusiasmo y la agresividad. Un monte de Marte interno bien desarrollado significa que una persona es entusiasta, aventurera, valiente y saludable. Un monte poco desarrollado sugiere indecisión, incertidumbre, timidez, expresión emocional limitada y falta de autoestima. Un monte demasiado desarrollado sugiere que una persona es irascible, agresiva, egoísta y discutidora.

Marte positivo es el llamado Monte de Marte exterior. Se encuentra entre Venus y Luna y significa el temperamento y el nivel de resistencia de una persona. Un monte de Marte exterior bien desarrollado indica un carácter fuerte, valor, buena salud y equilibrio; si está poco desarrollado, representa problemas de expresión emocional. Un monte demasiado desarrollado significa que una persona es desafiante y obstinada.

La Llanura de Marte también se llama el Medio de Marte. Se encuentra entre el Marte interior y el exterior. El monte aquí no suele ser grande, por lo que las interpretaciones suelen ser diferentes. Una Llanura de Marte gruesa indica sociabilidad, energía y posible rebeldía. Un monte bajo sugiere una naturaleza irascible y egocéntrica. Una depresión en el Medio de Marte indica un temperamento tranquilo y una naturaleza paciente.

Monte de la Luna

Ubicación: Base de la palma de la mano junto al dedo meñique.

Cualidades: Representa la emoción, la intuición, la creatividad y la imaginación.

El Monte de Luna hace que una persona sea muy imaginativa y emocional. Un monte completamente desarrollado significa el amor por la naturaleza y la belleza. Alguien con esto tiende a vivir en un mundo de sueños debido a su capacidad de imaginar. Esta persona es soñadora, amante de la naturaleza, psíquica, compasiva e intuitiva. También aman el agua. La Luna poco desarrollada significa que la persona es introvertida y le gusta estar sola. También significa falta de innovación, conservadurismo y pesimismo.

Si el Monte está sobredesarrollado, la persona es demasiado imaginativa, sentimental, excesivamente emocional y posiblemente delirante. Esta persona vive en un mundo de fantasía que ha creado en su cabeza.

Comprobación de su salud a través de los montes

Los montes de la palma de la mano contienen información sobre su vida y su salud. Leyendo los montes, puede mantenerse al día sobre el estado de su salud. Durante siglos, la quiromancia se ha utilizado para diagnosticar enfermedades en las personas. Entonces, ¿cómo comprobar su salud a través de los montes de la palma de la mano?

- El Monte de Luna, también el Monte de la Luna, es el monte directo que contiene información sobre las enfermedades mentales, la obesidad y las enfermedades de la mujer en general.
- El Monte de Venus es responsable de las alergias, las enfermedades renales, las enfermedades estomacales y el enfriamiento.
- El Monte de Marte contiene información sobre la inflamación, la presión arterial, la fiebre y la arteriosclerosis.
- El Monte de Júpiter se encarga de la apoplejía, el reumatismo, los mareos y las enfermedades hepatobiliares.
- El Monte de Saturno controla la depresión, el reumatismo, las enfermedades biliares, las hemorroides y la osteoporosis.
- El Monte de Apolo regula las enfermedades relacionadas con el corazón y la circulación sanguínea.
- El Monte de Mercurio es responsable de los trastornos auditivos, el trastorno bipolar, el lenguaje y el sistema nervioso.

Para utilizar la palma de la mano para diagnosticar enfermedades y dolencias, hay que examinar el grosor del monte con las líneas de la mano. Normalmente, cuando se goza de buena salud, el monte tiene un aspecto grueso, sonrosado y prominente. Si tiene un aspecto diferente a este, podría ser un signo de una enfermedad inminente o presente.

El Monte de Venus indica la salud de su estómago y sistema digestivo, y de su bazo. Si ve venas azules abultadas en este monte, podría ser un signo de enfermedad estomacal o de mala digestión. Las líneas desordenadas en el monte sugieren una vulnerabilidad a las enfermedades del sistema reproductivo. Con líneas plumosas, sugiere una enfermedad relacionada con el sistema nervioso.

El Monte de Júpiter se encarga de las funciones relacionadas con el estómago, la vesícula y el hígado. Si el Monte está hinchado con un par de líneas desordenadas, muestra una vulnerabilidad a las enfermedades hepatobiliares y estomacales. Además, este Monte corresponde al corazón y al hígado. Si aparece hinchado con signos negativos, sugiere susceptibilidad a las enfermedades cardiovasculares.

El Monte de Mercurio se encarga de las funciones respiratorias y reproductivas. Unas líneas desordenadas en el monte podrían significar una propensión a las enfermedades respiratorias y del sistema digestivo.

El Monte de Marte se encarga de las funciones reproductivas y renales. Las líneas desordenadas en este monte significan que uno es vulnerable a las enfermedades relacionadas con los sistemas urinario, reproductivo y respiratorio.

El Monte de Saturno se encarga de las funciones del corazón y de la circulación sanguínea. Un signo estelar en Saturno implica una propensión a la hipertensión o a la presión arterial alta. Si está hinchado con líneas dispersas, indica susceptibilidad a las hemorroides, parálisis, enfermedades del sistema nervioso, etc.

El Monte de Apolo se encarga de las funciones sensoriales. Si se encuentran pequeñas líneas en este monte, podría significar una enfermedad ocular o una neurastenia. Las líneas desordenadas en Apolo podrían significar vulnerabilidad a las enfermedades del corazón, aneurisma, neurastenia visual, etc.

Por último, el monte de Luna se corresponde con las funciones respiratorias y ginecológicas. Las líneas desordenadas en Luna significan que una persona puede ser susceptible a las enfermedades respiratorias. Además, si una línea vertical profunda acompaña al Monte de Luna, sugiere un posible entumecimiento de las extremidades.

Nota: No utilice las palmas de las manos para sacar conclusiones médicas; consulte con un profesional médico autorizado después de una lectura. Hacer esto le ayudará a obtener más información sobre su salud. Además, podrá corroborar si todo lo que interpretó es exacto o no.

Capítulo 10: Leyendo las líneas

Observe la palma de su mano. ¿Cuántas líneas observa? Al igual que en mi caso, es probable que veas tres líneas significativas y otras menores. En realidad, eso es lo que vería cualquiera cuando se mira la palma de la mano. Ya sea grande o pequeña, gruesa o fina, cada línea de la palma de la mano es vital para determinar la velocidad de su fuerza vital. Por lo tanto, para ser un buen quiromántico, hay que saber estudiar críticamente cada línea de la palma de la mano.

Cada persona tiene tres líneas principales en la palma de la mano, además de otras consideradas líneas menores o secundarias. Las tres líneas principales son la Línea de la Vida, la Línea de la Cabeza y la Línea del Corazón. La Línea del Destino y la Línea del Matrimonio se consideran a veces como líneas significativas, pero las tres anteriores vienen antes que ellas. Estas tres líneas son significativas porque contienen información valiosa sobre cada aspecto de su vida que da forma a lo que usted es como persona. Para ayudarle a comprender, hablaremos de cada línea importante por separado.

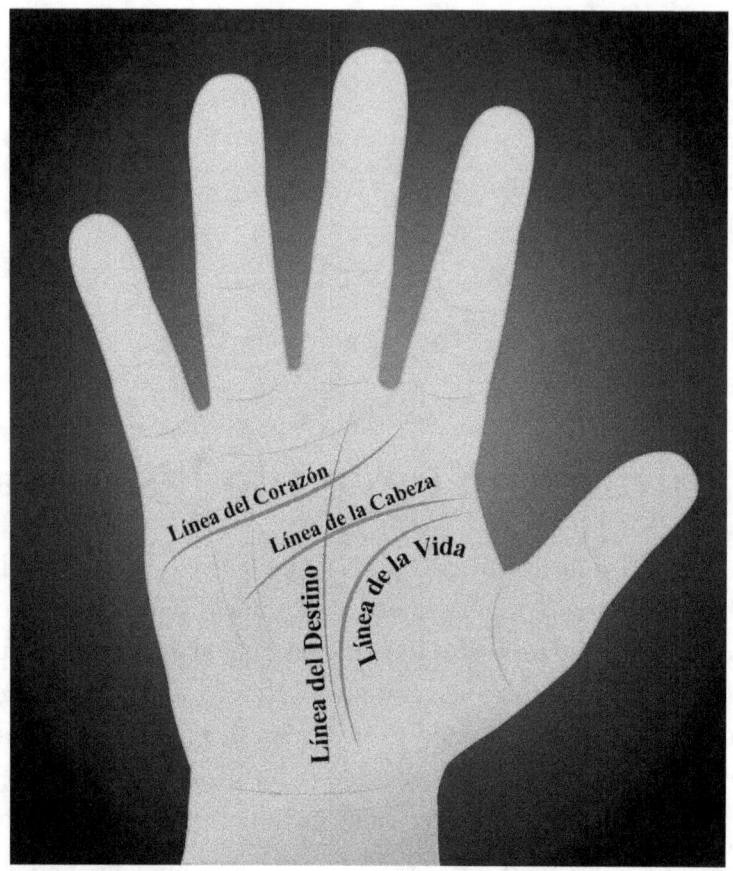

Línea de vida

Descripción: La línea de vida comienza en el borde de la palma de la mano, entre el dedo índice y el pulgar. Desde ahí, se extiende hacia la muñeca y se detiene en la base del pulgar.

La línea de la vida es quizás la línea más intrigante para estudiar en la palma de la mano. Muchas personas acuden a los quirománticos solo para que les lean las líneas de la palma. La línea de la vida suele llamarse línea de la edad o línea de la vida paterna. Representa múltiples facetas de la vida humana, pero la idea errónea general es que la línea de la vida determina la mortalidad de una persona. Muchas personas creen que la línea de la vida puede decirles cuánto tiempo vivirán. Se trata de un malentendido parcial. La línea de la vida refleja la fuerza vital, la energía y la vitalidad física de una persona. Además, se puede utilizar para comprobar si hay accidentes o enfermedades graves durante la vida.

Si se ven claramente otras líneas en la palma, pero la línea de la vida está casi ausente, es un signo negativo. Sugiere una vida corta y una mala salud. Si no tiene línea de la vida, significa que será propenso a sufrir accidentes y enfermedades a lo largo de su vida.

- Una línea de vida larga, profundamente grabada y tierna significa que es muy resistente a las enfermedades. También significa que está lleno de energía vital.
- Una línea de la vida corta indica que se es vulnerable a las enfermedades. No significa que uno tenga una vida corta, al contrario de lo que muchos creen. Desde el punto de vista de la personalidad, una línea de la vida corta muestra que uno tiene los pies en la tierra y está lleno de integridad.
- Una línea de vida gruesa sugiere que se está sometido a una vida de trabajo físico.
- Una línea de la vida imprecisa indica que se enferma rápidamente. También significa que su carrera puede no remontar hasta la edad madura.
- Una línea de la vida recta y pegada al pulgar significa que la energía y la vitalidad son limitadas. Puede cansarse y deshidratarse rápidamente.
- Una línea de la vida semicircular cerca de la base del pulgar significa que está lleno de energía y vigor. También es entusiasta.
- Una línea de la vida doble que corre paralela a otra línea también es un signo de vitalidad saludable. Muestra que es resistente a las enfermedades y dolencias. Y que recibe un apoyo mental y emocional adecuado de los miembros de su familia.

La mayoría de las veces, las líneas de la vida vienen con marcas y signos. Estas marcas son fundamentales para interpretar el significado de la línea de la vida. Por lo tanto, preste mucha atención a ellas cuando haga una lectura de la palma de la mano.

- **Encadenada:** Si su línea de la vida tiene una marca similar a una cadena, esto podría indicar una mala salud. Significa que puede tener un sistema digestivo débil y que sufre repetidamente de una salud quebrantada.
- **Isla:** Una isla en la línea de la vida indica accidentes, enfermedades u hospitalizaciones en momentos concretos de su vida. La gravedad del accidente o la enfermedad depende del tamaño de la isla marcada.
- **Interrumpida:** La línea de vida a veces está interrumpida. Cuando este es el caso, significa que podría sufrir una enfermedad, un accidente o un desastre importante en su vida. Cuanto mayor sea el intervalo entre las líneas fracturadas, mayor será la duración de la enfermedad. Si las líneas discontinuas se superponen, sugiere que se recuperará de la enfermedad. Si observa una línea corta por debajo o por encima de la línea de la vida interrumpida, significa que se recuperará totalmente de la enfermedad grave.
- **Ramas:** Una marca ramificada por encima de la línea de la vida representa la diligencia, el positivismo y el optimismo. Si las marcas ramificadas son abundantes, muestra que tienes planes ambiciosos y elevados. Sin embargo, demasiadas líneas significan que no se llega a ninguna parte debido a un exceso de ideas. Las marcas ramificadas que van hacia abajo en la línea de la vida implican que su salud física está disminuyendo. Puede sentirse solo y cansado todo el tiempo.
- **Bifurcaciones:** Si su línea de la vida parece bifurcada al final, sugiere que estará ocupado en sus años medios y finales. Esto puede deberse al desarrollo de su carrera.

- **Tridentes:** Si los tridentes aparecen al final de su línea de la vida, significa que usted es un viajero. Le gustará viajar a diferentes partes del mundo.
- **Borlas:** Suelen aparecer al principio de la línea de la vida. Indican soledad en la vejez debido a la ausencia de hijos.

Otras marcas que puedes encontrar alrededor de su línea de la vida son cruces, estrellas, etc.

Línea del corazón

Descripción: La línea del corazón parte de debajo del dedo meñique, atraviesa la palma de la mano y termina justo debajo del punto en el que se unen el dedo medio y el índice.

La línea del corazón también se llama línea del amor. Simboliza su actitud hacia el amor y la calidad del amor que da y recibe. De su línea del amor se puede deducir si sus sentimientos son complicados o sencillos, si sus afectos son profundos o no, si su vida amorosa es fluida o inestable y la calidad de sus relaciones interpersonales. Por lo general, una buena línea del corazón es profunda, curva, clara e ininterrumpida. También se extiende hasta el punto medio de sus dedos medio e índice. Cuando tiene una línea así, significa que disfrutará de una vida amorosa de calidad y buena. Si la línea tiene tres bifurcaciones al final, es aún mejor. Significa que tendrá amistades de buen corazón.

Una línea del amor corta solo se extiende hasta el dedo medio, por lo que es posible que su vida amorosa no sea del todo buena. Si su vida amorosa se detiene por debajo del dedo medio, muestra que es una persona egocéntrica y de mente estrecha. Es probable que actúe sin sopesar las consecuencias. Estos rasgos hacen que sea condenado al ostracismo por la gente, lo que conduce a la soledad. Sus relaciones no suelen ser fluidas.

Una larga línea del corazón se extiende hasta el borde de la palma de la mano desde debajo del meñique y el punto medio de los dedos medio e índice. Esta longitud de la línea del corazón significa que es una persona directa. En cuanto a su carrera, pasa por muchas dificultades, pero sale adelante. Es posible que experimente importantes trastornos en sus relaciones. A menudo sale de una relación sufriendo. Si la línea del amor termina en el monte de Júpiter, simboliza la abundancia de amor y el éxito. Si termina entre Júpiter y Saturno, significa que experimentará el verdadero amor en sentido puro.

- **Curvada:** Una línea de amor curvada hacia arriba sugiere que es un romántico. Sabe cómo crear la experiencia romántica perfecta para su pareja. También tiene destreza con el uso de las palabras. Una curva hacia abajo sugiere un carácter débil. Hace que los demás se sientan incómodos a su alrededor. También significa que experimentará giros en su matrimonio.
- **Recta:** Una línea de amor recta significa que es conservador, estable, afable, de temperamento suave y accesible. Tiene tendencia a desempeñar un papel pasivo en sus relaciones debido a su timidez. Si la línea del corazón es medianamente larga y clara, sin ninguna ruptura, tendrá una familia estable y feliz con la persona que ama.

Las marcas en la línea del corazón pueden cambiar los significados y su interpretación.

- **Ramas:** Si tiene ramas que se dividen al final de la línea del corazón, significa que está dispuesto a sacrificarse por amor. Las ramas múltiples al final significan que siempre está enamorado y que puede llegar a un amor verdadero. El tridente al final sugiere fraternidad universal, pero a menudo pretende ser desafiante en su vida amorosa. Dos o tres ramas hacia arriba indican abundancia de amor y encanto.

- **Bifurcaciones:** Las bifurcaciones dobles al principio de la línea del corazón significan que puede experimentar disputas matrimoniales.
- **Isla:** Una marca de isla en la línea del corazón sugiere angustia o cambios emocionales.
- **Interrumpida:** Si la línea del corazón está interrumpida, significa que experimentará considerables contratiempos en su vida amorosa. Si la línea fracturada tiene un intervalo prolongado, sugiere inestabilidad en las relaciones o el matrimonio. Si la separación está debajo del meñique, indica estrés por el dinero y las cosas materiales. Es posible que le resulte difícil experimentar el verdadero amor debido a las creencias materialistas. Si la separación se encuentra bajo el espacio entre los dedos meñique y anular y la línea termina por debajo del punto de unión de los dedos medio e índice, significa que podría experimentar un fracaso matrimonial. Sin embargo, después de esa fase, puede tener su propio amor verdadero y establecerse en un matrimonio feliz. Una separación justo debajo del dedo medio también apunta a una vida matrimonial infeliz. Es posible que se divorcie de su pareja por una cuestión trivial.
- **Palma interrumpida:** Si encuentra que no tiene línea del corazón, esto podría deberse a una superposición de la línea de la cabeza y la línea del corazón. Esto se llama el pliegue simiesco o el pliegue palmar único transversal. Esta línea representa una naturaleza obstinada.
- **Encadenada:** Si la línea del corazón tiene la marca de una cadena de hierro, indica sentimientos. Muchas marcas de cadenas sugieren enredos emocionales. Es posible que sufra crisis matrimoniales en su mediana edad.

- **Triángulos:** Si observa marcas triangulares en la línea del corazón, lo que indica enfermedad o interferencia de otro en su matrimonio o relación. Supongamos que el triángulo está justo encima de la línea del corazón. Allí, indica que es inconstante y que es probable que sea la tercera persona en el matrimonio de otras personas. Por debajo de la línea significa que puede sufrir un accidente en una cita con su ser querido.
- **Cuadrado:** Si aparece un cuadrado en su línea del amor, significa que se deprimirá emocionalmente. Esto podría llevar incluso a pensamientos suicidas.
- **Doble:** Una línea del corazón duplicada significa que es emocionalmente expresivo. No le importa ser una iniciativa cuando se trata del amor. Pero también significa que tiene la tendencia a estar en dos relaciones juntas.
- **Cruzada:** Una cruz en la línea del corazón significa que su carrera puede verse frenada por su vida amorosa.

Si se encuentran muchas líneas cortas que atraviesan la línea del corazón, es un signo de infelicidad y dolor debido a fracasos amorosos y de relaciones. Después de la mediana edad, es posible que no pueda experimentar el amor.

Línea de la cabeza

Descripción: La línea de la cabeza comienza en el borde de la palma de la mano, entre el pulgar y el índice, y se extiende por toda la palma. Se detiene en medio de la línea de la vida y la línea del amor.

También llamada línea de la sabiduría, la línea de la cabeza revela el alcance de su sabiduría, creencia, pensamiento, habilidad, creatividad, actitud y capacidad de esfuerzo. También muestra sus habilidades en términos de memoria, autocontrol, etc. Por lo general, la línea de la cabeza debe tener un aspecto profundo y fino. Eso es bueno para cualquiera. El significado de la línea de la cabeza puede verse afectado por la longitud, la curva, las cadenas, las cruces y las estrellas que aparecen sobre, debajo o encima de ella.

Una línea de la cabeza larga se extiende y se detiene bajo el meñique. Si tiene esta línea, indica que tiene una mente clara y aguda. Se le da bien pensar y responder. Debido a esto, también tiene una naturaleza muy considerada. Al mismo tiempo, es propenso a pensar demasiado y a perderse. Una línea media se extiende hasta el dedo anular. La mayoría de las personas tienen este tipo de línea de la cabeza. Esto indica que usted es listo, inteligente y brillante, a veces más que los que tienen una línea de la cabeza más larga. Una línea de la cabeza corta se detiene bajo el dedo medio. En este caso, indica que usted es precipitado, descuidado, indeciso e impulsivo. También puede significar que es lento para responder. Pero la ventaja es que también es muy estratégico.

- **Recta:** Una línea de la cabeza recta significa que usted es intensamente analítico. También es práctico y dedicado a su trabajo. Tiene un buen desempeño en los campos de las matemáticas, las ciencias, el comercio y la tecnología.

- **Curva:** Si tiene una línea de la cabeza curva, significa que es realista, gentil y tolerante con poderosas habilidades interpersonales. Le suele ir bien en los campos de los Medios de Comunicación, la Psicología, la Literatura y las Ciencias Sociales.

- **Empinada:** Si su línea de la cabeza se inclina hacia abajo, significa que utiliza mucho su imaginación. También apunta a habilidades creativas y artísticas. Además, puede ser que sea usted propenso a las influencias emocionales. También tiene tendencia a gastar dinero a manos llenas cuando está de mal humor.

Las marcas que suelen aparecer con la línea de la cabeza son:

• **Ramas:** Si aparece una rama hacia abajo al final de su línea de la cabeza, sugiere que es bueno para analizar y resolver problemas a través del pensamiento crítico. Cuanto más larga sea la rama, más sano es su pensamiento y análisis. Una rama ascendente sugiere una capacidad de adaptación a cualquier entorno social. También significa que se le dan bien los negocios. Si la rama se extiende por debajo del dedo anular, significa que tiene grandes talentos y que podría destacar en el arte. Una rama que se extiende hasta el Monte de Júpiter significa que quiere riqueza, fama y poder.

• **Borlas:** Si tiene borlas al final de la línea de la cabeza, es un indicio de que podría tener dolor de cabeza debido a una presión arterial baja. Y podría ser un indicador de un corazón débil. Debido a esto, necesita hacer ejercicios de cardio para salvaguardarse de las enfermedades cardíacas que se avecinan.

• **Isla:** Una isla en su línea de la cabeza significa que está distraído y frustrado con su memoria. Cuanto más grande sea la isla, más grave es su problema de memoria. La ubicación de la isla también podría cambiar su significado. Si observa una isla debajo de su Monte de Júpiter, indica que tiene un problema de nutrición. También significa una incapacidad de concentración. Si la isla está debajo del Monte de Saturno, es propenso a la depresión y a los dolores de cabeza. Además, puede sufrir problemas de estómago. Una isla debajo del Monte de Apolo significa que tiene una visión débil. Las islas dobles significan que puede sufrir un deterioro de la memoria.

• **Estrellas:** Una estrella en la línea titular indica que necesita proteger su cabeza para evitar tener una lesión en la misma. Si la estrella está al lado de la línea de la cabeza, resalta su sabiduría.

- **Cruces:** Las cruces en su línea de la cabeza significan timidez y cobardía. Tiene tendencia a la ansiedad y al miedo. De nuevo, también significa que debe proteger su cabeza de lesiones o accidentes. Tres cruces en su línea titular podrían ser un indicio de enfermedad coronaria.
- **Cadenas:** Una línea de la cabeza encadenada es bastante común entre las personas. Sugiere falta de concentración y atención fluctuante. Si las cadenas están al principio de la línea titular, puede tener problemas de mala memoria y pensamientos distorsionados, mientras que, si la cadena aparece a lo largo del titular, puede ser propenso a problemas cerebrales. También puede ser débil mentalmente.
- **Interrumpida:** Una línea de la cabeza interrumpida sugiere que va a sufrir una enfermedad inesperada. Si la línea se separa de forma intermitente, significa que no puede vivir en armonía con una pareja romántica. Siempre termina rompiendo las cosas. Una línea de la cabeza fracturada también podría sugerir una interrupción en el progreso de su carrera.

Como he mencionado antes, cuando la línea de la cabeza se encuentra con la línea del corazón, se denomina Línea Simiesca. La Línea Simiesca indica la capacidad de crear riqueza y tener éxito. Aquí hay una imagen del pliegue simiesco.

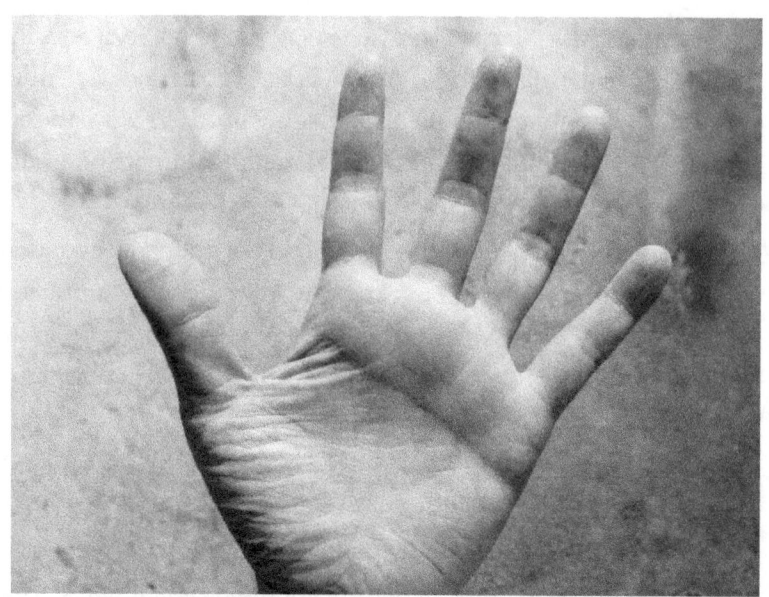

Línea Simiesca en la mano izquierda

Además de las tres líneas principales, también debe saber cómo leer la línea del destino y la línea del matrimonio. Por ello, a continuación, se ofrece una breve explicación de ambas.

Línea del destino

Descripción: La línea del destino se extiende verticalmente desde la base de la palma hacia la base del dedo medio. A veces, puede comenzar desde la mitad de la palma.

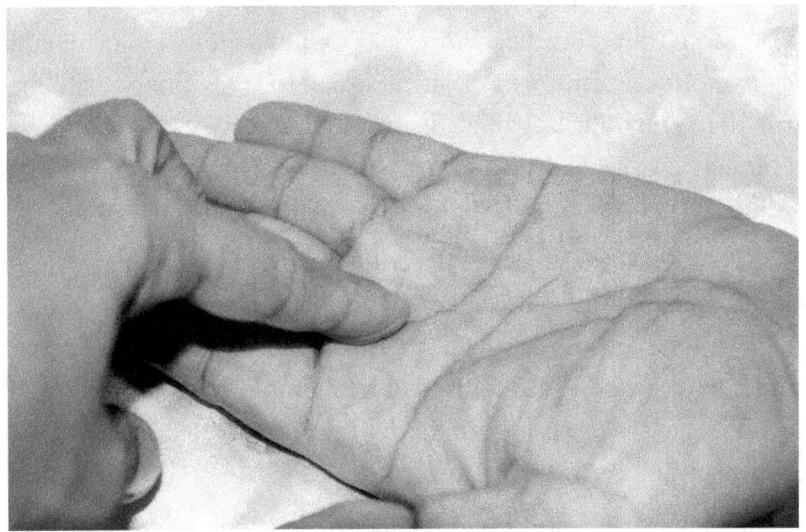

La línea del destino también es una línea significativa en la mano. Apunta hacia el dedo de Saturno, por lo que también se llama línea de Saturno. En la quiromancia china, la línea del destino también se considera la línea de la carrera. Esto se debe a que revela principalmente información sobre la carrera y los cambios de carrera a lo largo de la vida. Una buena línea del destino suele ser clara, profunda y recta, con mínimos cruces. Si tiene esta línea del destino, significa que tiene buena suerte en su carrera.

Algunos también la llaman la línea de la suerte, ya que refleja principalmente la suerte y el éxito. Algunas personas no tienen la línea del destino en sus palmas. La ausencia de una línea del destino en la palma de la mano no significa que no tendrá una carrera. Solo significa que no tiene una carrera permanente porque siempre está cambiando. Esto podría deberse a la abundancia de versatilidad o a la falta de cuidado, dependiendo de otros factores. O tal vez nunca encuentre un trabajo que le interese.

La línea del destino puede ser profunda y larga. Esta línea va desde la base de la palma de la mano hasta el punto situado bajo el dedo medio, el dedo de Saturno. Una línea del destino profunda y larga sugiere una habilidad innata para dirigir su propio negocio. También muestra que le da mucha importancia a la credibilidad. Por lo tanto, dirige un negocio exitoso a pesar de los interminables desafíos. Supongamos que la línea se vuelve más fina y estrecha a partir del centro de la palma. En ese caso, sugiere una carrera sin problemas en su edad más joven y una fortuna dura a medida que envejece, especialmente después de la mediana edad.

Una línea del destino poco profunda significa que usted es un gran trabajador y que su carrera estará llena de giros. Si la línea es ancha y poco profunda, significa que es posible que no consiga grandes cosas a pesar de trabajar duro. Una línea poco profunda y estrecha sugiere que usted no es del tipo que se deja llevar por un destino común.

Una línea del destino oblicua indica una capacidad para desarrollar ideas únicas que pueden impulsar su carrera hacia arriba. Se le da bien encontrar atajos para tener éxito en su carrera.

La ubicación de su línea del destino en la palma de la mano puede marcar la diferencia.

- **Comienza desde la línea de la vida:** Si su línea del destino comienza desde su línea de la vida, significa que está lleno de energía y de gran vitalidad. También significa que su estatus social mejorará si sigue trabajando duro. Aunque no logre grandes cosas en la vida, está destinado a vivir una vida buena y plena.

- **Comienza por la línea de la cabeza:** Si la línea del destino se une con su línea de la cabeza al principio, significa que sus logros pueden no comenzar hasta que tenga más de 35 años. Antes de los 35, habrá muchos desafíos y obstáculos en su camino hacia el éxito. Su fortuna experimentará un rápido cambio después de los 35 años. Con su sabiduría y experiencia, podrá lograr grandes cosas.

- **Comienza por la línea del corazón:** Una línea del destino unida a la línea del corazón al principio indica un éxito tardío. Es posible que no halle estabilidad en su carrera y en su vida hasta que haya superado su juventud. Después de pasar la marca de los 50 años, es probable que comience a disfrutar de buena fortuna mientras trabaja duro.

Línea Matrimonial

Descripción: La línea matrimonial se encuentra debajo de la raíz del dedo meñique, un poco por encima de la línea del corazón.

La línea de matrimonio suele llamarse línea de la relación. Aunque es relación y afecto, la línea del matrimonio difiere de la línea del amor. Algunas personas tienen una línea del matrimonio, mientras que otras tienen varias. Algunas no tienen ninguna línea del matrimonio. La línea del matrimonio más larga se suele utilizar para el análisis de las personas con líneas del matrimonio múltiples.

Una línea del matrimonio recta y larga simboliza el amor profundo; significa que es una persona apasionada y amable y que terminará con una familia feliz. Una línea del matrimonio profunda y larga significa que disfrutará de un matrimonio feliz y duradero. Y lo que es más importante, también conseguirá el éxito en su carrera incluso después del matrimonio.

Una línea del matrimonio corta indica falta de pasión por las relaciones. Si la línea también es poco profunda, no tiene suficiente paciencia para construir una relación romántica con otra persona. También connota que le cuesta enamorarse profundamente. Si tiene este tipo de línea, es probable que se case tarde.

Si su línea del matrimonio es curva, puede ir en dos direcciones. Una curva hacia abajo significa que su pareja puede partir antes que usted, probablemente debido a un accidente. Si toca su línea del corazón, significa que experimentará crisis y disputas matrimoniales, tras las cuales puede producirse una separación. Si la línea del matrimonio se curva hacia arriba, significa que tendrá un matrimonio estable y asentado. También puede tener la suerte de casarse con una pareja extremadamente rica. Su matrimonio será feliz y coordinado.

Una línea del matrimonio bifurcada indica separación o divorcio, especialmente si la bifurcación se parece a la letra "Y". Si la bifurcación no es grande, la separación será solo por un tiempo breve, tras el cual habrá un reencuentro y un felices para siempre. Si la bifurcación tiene las puntas abiertas, significa que experimentará disputas matrimoniales y crisis importantes. Todo su matrimonio puede ser una gran fuente de confusión y frustración para usted.

Una línea del matrimonio rota significa que es propenso a sufrir reveses en su matrimonio y en sus relaciones. Cuanto más largo sea el intervalo entre las partes rotas, más contratiempos experimentará en el matrimonio. Si la ruptura es corta, podrá reconciliarse con su pareja.

Las islas en la línea del matrimonio significan que es mentalmente incompatible con su pareja. También es un indicador de conflictos familiares. Supongamos que la isla se encuentra al principio de su línea del matrimonio. Allí, es posible que no tenga una relación amorosa o un matrimonio fluido. En el medio, significa que experimentará giros y vueltas en su camino hacia el matrimonio. Al final de la línea, indica desafíos y obstáculos después del matrimonio. Las islas múltiples indican que el matrimonio puede ser desfavorable para usted.

¿Qué significan los números de las líneas matrimoniales?

La ausencia de una línea matrimonial significa que no desea amar o casarse. Quiere centrarse en sí mismo sin prestar atención a nadie más. Si todavía tiene menos de 20 años, es posible que su línea del matrimonio aún se esté desarrollando. Si está casado y no tiene esa línea, solo está tolerando el matrimonio.

Una línea del matrimonio única significa que se enamorará, se casará y vivirá una vida feliz con la persona ideal. Si la línea es lo suficientemente larga, podrá tener un matrimonio duradero y saludable.

Más de una línea del matrimonio puede significar cosas diferentes. La mayoría de la gente asume que significa que uno se casará más de una vez, pero esto no es correcto. Dos líneas del matrimonio pueden significar que se separará de su pareja y se reunirá de nuevo. Tres líneas del matrimonio significan que tiene emociones encontradas sobre su matrimonio. Las líneas del matrimonio son a veces hasta seis en algunas personas. Cuantas más líneas, más complicado será su matrimonio.

Conclusión

Ahora, ya sabe cómo puede desvelar el arte de la lectura de la mano para saber más sobre su persona y su futuro. Este libro le ha proporcionado una gran cantidad de información sobre cómo puede leer sus manos para descubrir lo que le espera en su carrera, relación, salud y otros aspectos vitales de su vida. El siguiente paso es comenzar a poner en práctica todo lo que ha aprendido para marcar la diferencia en su vida. ¡Buena suerte!

Vea más libros escritos por Mari Silva

Referencias

Mejor instituto de quiromancia en Delhi, astrólogo quiromántico de renombre, mejor quiromancia en línea | Institute of Palmistry. (n.d.). Www.Instituteofpalmistry.com. Extraído de https://www.instituteofpalmistry.com/

Quiromancia - Guía de montes para la LECTURA DE Las PALMAS - Quiromancia online. (n.d.). Palmistry.Findyourfate.com Extraído de https://palmistry.findyourfate.com/palmistry-mounts.htm

(PDF) Un nuevo enfoque para el análisis de las manos mediante técnicas de procesamiento de imágenes. (n.d.). ResearchGate. Extraído de https://www.researchgate.net/publication/44288389_A_Novel_Approach_for_Hand_Analysis_Using_Image_Processing_Techniques

La quiromancia científica: lo que la ciencia puede decir de nosotros a partir de nuestras manos - Blifaloo.com. (n.d.). Extraído de http://www.blifaloo.com/palm-reading/

Espacio / separación entre los dedos Significado en la quiromancia. (n.d.). Your Chinese Astrology. Extraído de https://www.yourchineseastrology.com/palmistry/finger/space-between-fingers.htm

El arte y la ciencia de la lectura de la mano: Métodos clásicos para el autodescubrimiento a través de la quiromancia - Kindle edition por Goldberg, Ellen, Bergen, Dorian. Kindle eBooks de Religión y Espiritualidad @ Amazon.com. (2020). Amazon.com. https://www.amazon.com/Art-Science-Hand-Reading-Self-Discovery-ebook/dp/B01BX0WBSO/ref=tmm_kin_swatch_0?_encoding=UTF8&qid=1601267320&sr=8-2

Ward, K. (12 de noviembre de 2019). *Guía para principiantes de la lectura de la palma de la mano. Cosmopolitan.* https://www.cosmopolitan.com/lifestyle/a29623751/how-to-read-palms-b

12 Houses Method of Face Reading, 12 Palaces, 12 Sections. (n.d.). Your Chinese Astrology.

Chinese Astrology: Chinese Zodiac Signs, 2020 Horoscope - YourChineseAstrology.com. (n.d.). Your Chinese Astrology. Extraído de https://www.yourchineseastrology.com/

Chinese Face Reading: What Your Face Says About Your Personality and Health. (2016, September 15). Conscious Lifestyle Magazine. https://www.consciouslifestylemag.com/chinese-face reading

Face Mapping: Can You Use It to Improve Your Skin's Health? (2019, 1 de agosto). Healthline. https://www.healthline.com/health/face-mapping#takeaway

Face Reading – Past, Present, Future - OHM Holistic Healings. (n.d.). Ohmhh.com.

Foster, H. (n.d.). *What your face can tell you about your health.* Now To Love. Retrieved from https://www.nowtolove.co.nz/health/body/your-face-can-reveal-surprising-insight-into-your-health-36655

Johann Kaspar Lavater | Swiss writer. (n.d.). Encyclopedia Britannica. Extraído de

https://www.britannica.com/biography/Johann-Kaspar-Lavater

Mian Xiang - The Art of Face Reading. (2019, 13 de diciembre). Beyond The Boundaries.

https://www.btbmagazine.com/mian-xiang-the-art-of-face reading/

More Chinese face reading - 12 common face features and meanings. (n.d.). Picture Healer - Feng Shui, Craft & Art,

Netmums. (2016, 4 de octubre). *What does your child's face reveal about their personality?* Netmums.

https://www.netmums.com/child/what-does-your-childs-face-reveal-about-their-personality

Romance: Find true love through facial recognition | Relationships. (n.d.). Natural Health Magazine. Extraído de

https://www.naturalhealthmagazine.co.uk/relationships/face-facts

What Your Face Shape Could Be Saying About Your Personality. Reader's Digest. Extraído de https://www.rd.com/list/face-shape-personality/

Tsai, R. (2020, 16 de febrero). *How Does Face Mapping Relate to Your Health?* Beauty Within.

https://beautywinofficial.com/2020/02/16/what-is-face-mapping/

What Does Your Face Say About You? (2016, 26 de abril). NaturalPath. https://naturalpath.net/mind/five-elements-face reading/

WOFS. (2006, 5 de septiembre). *Are You Going Through a Difficult Time? Your Face Tells Your Age Luck –*

WOFS.com. WOFS.com. https://www.wofs.com/are-you-going-through-a-difficult-time-your-face-tells-your-age-luck/

www.ingramcontent.com/pod-product-compliance
Lightning Source LLC
LaVergne TN
LVHW051915060526
838200LV00004B/159